大学生职业生涯规划实务与就业指导

郄艳丽 杜鹃 王毅 著

地质出版社
·北京·

内容简介

本书拟从职业生涯规划的基本理论,大学生职业生涯与理想,大学生职业生涯设计,当前就业形势与政策,大学生就业与创业指导等几个方面进行分析研究,以图更好的指导当今大学生的职业生涯规划,同时为高校的课程建设做出理论贡献。

图书在版编目(CIP)数据

大学生职业生涯规划实务与就业指导/郄艳丽,杜鹃,王毅著. —北京:地质出版社,2016.5
ISBN 978-7-116-09776-6

Ⅰ.大… Ⅱ.①郄… ②杜… ③王… Ⅲ.①大学生—职业选择 Ⅳ.G647.38

中国版本图书馆 CIP 数据核字(2016)第 145509 号

责任编辑:肖莹莹
责任校对:张 冬
出版发行:地质出版社
社址邮编:北京海淀区学院路 31 号,100083
咨询电话:(010)66554651(邮购部) 66554571(编辑室)
网   址:http://www.gph.com.cn
传   真:(010)66554576
印   刷:北京地大天成印务有限公司
开   本:787mm×960mm 1/16
印   张:11.75
字   数:207 千字
版   次:2016 年 5 月北京第 1 版
印   次:2016 年 5 月北京第 1 次印刷
定   价:42.00 元
书   号:ISBN 978-7-116-09776-6

(如对本书有建议或意见,敬请致电本社;如本书有印装问题,本社负责调换)

前　言

　　大学生是宝贵的人才资源，是现代化建设的主要力量。大学生就业不仅关系到学生的切身利益，关系到千万个家庭的幸福与和谐，而且关系到人们对高等教育的看法。做好大学生就业工作，是促进经济发展和社会和谐的重要举措，是高等教育改革发展、提高质量和办好让人民满意的教育的必然要求。

　　在全国就业压力较大的形势下，要有效解决大学生就业的难题，需要全面加强对大学生的就业指导。为此，作者撰写了本书。

　　本书共分七章。第一章，主要围绕大学生职业生涯规划的相关理论进行阐述，让大学生对职业生涯规划有个清晰的认识；第二章，重点探讨了大学生的自我探索，让大学生对自己有一个较为准确的定位；第三章，对大学生职业生涯设计的整个流程予以详细的探讨，并分析了一些相关案例；第四章，主要围绕我国目前的就业制度、形势、市场、政策等，进行具体的阐述；第五章，重点探讨了大学生求职就业指导，包括就业的心理指导、技巧指导等；第六章，侧重阐述了大学生创业基础的相关理论；第七章，作为本书的最后一章，对大学生就业权益的保护做了具体阐述，并提出了相关的维权途径与建议，此外，还通过分析几个典型的案例，让大学生更好地理解这部分内容。

　　本书内容翔实，结构完整，逻辑清晰，力图从基本概念出发建立基本理论体系，同时结合一些典型的案例，以激发大学生的阅读兴趣，增强大学生对职业生涯规划与就业的全面认识和理解，达到开阔大学生思维及视野的目的。

本书是在参考大量文献的基础上,结合作者多年的实践工作撰写而成的。在撰写过程中,得到了许多专家学者的帮助,在这里作者表示真诚的感谢。由于作者的水平有限,虽然经过了反复的修改,但是书中仍然不免会有疏漏与不足,恳请广大读者给予批评与指正。

作　者

2016 年 5 月

目 录

第一章 职业生涯规划 1
第一节 职业生涯规划的基本概念 1
第二节 职业生涯规划的内容与步骤 10
第三节 职业生涯规划的准则与意义 26

第二章 大学生自我探索 33
第一节 个性与兴趣探索 33
第二节 能力与价值观探索 46
第三节 大学生自我认识的方法 52

第三章 大学生职业生涯设计 65
第一节 目标与决策 65
第二节 实施与评估 76
第三节 案例分析 83

第四章 当前就业形势与政策 88
第一节 制度与政策 88
第二节 形势与市场 92
第三节 专业发展与就业趋势分析 106

第五章 大学生求职就业指导 110
第一节 大学生就业心理指导 110
第二节 大学生就业技巧指导 117
第三节 大学生求职技能培养 128

第六章 大学生创业基础指导 ································ 133
第一节 创业的要素与特征 ································ 133
第二节 创业的一般流程 ································ 141
第三节 创业准备 ································ 148

第七章 就业权益保护 ································ 158
第一节 就业权益概述 ································ 158
第二节 维权途径及建议 ································ 169
第三节 典型案例分析 ································ 175

参考文献 ································ 178

第一章 职业生涯规划

对于一个人的成长成才来说,大学阶段非常关键。立志与成才,是大学生学习生活中的两大基本任务。本章对职业生涯规划相关的内容进行阐述,其中包括职业生涯规划的概念、职业生涯规划的内容、步骤及其准则与意义。

第一节 职业生涯规划的基本概念

一、职业

(一)职业的形成与发展

职业指的是对人们的文化水平、行为模式、生活方式的综合反映,是人们从事相对稳定且有收入的、一种专门类别的社会劳动。职业是人的职责、权利及义务,同时它也是人的社会地位的表现,是一种事业。例如,医生的职业是治病救人,教师的职业是教育和传授知识,国家公职人员的职业是从事公共管理和社会管理,等等。

随着社会大分工的出现,职业开始产生,而职业的产生又必然会受到社会分工的促进。简单来说,职业就是一种以劳动分工和社会分工为纽带的社会关系和社会形式。

1. 职业是人类社会的发展产物

(1)科技进步与职业的发展

作为科技进步与发展的重要标志,新的技术与工艺不断出现,这是导致部分职业的新旧更替或新职业种类不断产生的原因。例如:随着电子科技的发展，印刷行业开始出现巨大的变革，告别了铅与火的时代的印刷行业，取代它的是汉字照排和录入职业的产生，这些变化都离不开电子计算机汉字激光照排技术的产生和应用。

（2）经济建设与职业的发展

为了满足人们对物质生活、精神生活的不断增长的需要，促进社会生产力的发展是根本目的。社会职业的社会地位及其数量的变化，也将会促进社会职业的发展。例如，一些服务类职业，比如会计职业的社会地位大大提高，旅游产业的迅速发展，房地产业、广告业、租赁业等在我国逐渐兴起等，都是经济建设发展的直接结果。

科学技术的发展、进步本身也会使原有职业的数量发生变化，或使新职业种类不断增加，而不仅仅局限于新产品的开发、设备的应用、新工艺的出现。

2. 职业发展的趋势

随着社会的不断发展与进步，职业也逐渐地分化与重组，原来传统的职业正面临着消亡，而新的职业则越来越多、层出不穷。社会职业亦随着科学技术的不断进步、经济和社会的发展在不停地变迁着，变迁的趋势呈现为以下几种：社会职业结构变迁的速度愈来愈快；社会职业的种类越来越多；事实说明科学与技术越是发达，脑力劳动在社会职业中的重要地位就会越明显，其在社会职位总额中所占的比例也就越大。

我国目前的现状是信息社会、农业社会和工业社会的多元特征并存。目前，农业和工业的社会职业将会以变动、消亡为主；而第三产业，如邮电通信业、交通运输业、服务业、信息咨询业、租赁广告业、体育、卫生、文化艺术和教育培训等正迅猛发展，特别像信息产业发展潜力非常巨大。这些新行业的出现，将会为社会提供更多的就业岗位。而新技术、新成果的不断推广与应用，又为传统行业提供了新的发展机遇。这些情况的存在，使大学生在就业时面临一些新的问题：①体力劳动与脑力劳动逐渐混合且体力劳动在全部劳动岗位中所占的比例越来越小；②行业特征已不再像过去那样鲜明，劳动岗位的地域空间也越来越小；③职业知识、技能的更新周期逐渐加快；④与专业完全对口的岗位越来越少。这些特征，使得用人单位对大学生的非专业综合素质的要求越来越高，而复合型、通用型专业的大学生择业余地则较大。

（二）职业的特征

根据职业对人类社会发展的影响及其产生的历史，以下是职业具有的特征。

1. 同一性

同一性指的是在同类别的职业中，工作的对象、劳动的条件、操作的内容及生产工具相近甚至相同。不同职业之间也存在同一性，如都有按能取薪、以劳取酬的分配原则，工作时间基本固定、岗位基本固定。正是由于人们所处环境的同一，从而形成共同的语言习惯、道德规范和同一的行为模式，所以职业具备同一性的特征。

2. 差异性

不同职业之间是有差异的，这种差异性是指职业不同，工作的对象、性质及劳动条件就会出现不同。并且随着经济体制改革的进一步深化，这种差异还会不断地发展变化。

3. 组群性

无论划分依据为何，职业都带有组群特点。如咨询服务业，包括职业咨询工作、科技咨询工作、心理咨询工作等。再如科学研究人员中包含理学、工学、哲学、医学、社会学等。

4. 层次性

是指各个职业类型内部的层次和各类职业间的层次。不同职业之间会出现层次之分，具有层次性的特征，是由于人们对职业的舆论评价或看法的不同，不同职业的体力和脑力劳动的收入水平、付出、社会声望、权力地位、工作任务的轻重等诸多因素的不同，以及不同职业对人们的素质要求的不同。

5. 时代性

不同时代有不同的热门职业。职业的划分之所以带有明显的时代性，是由于随着社会的发展和进步，职业变化迅速，除了弃旧更新外，同一种职业的活动内容和方式也会发生变化。我国历史上曾经出现过的"从政热"和"当兵热"，以及后来又开始出现的"外企热"、"下海热"等，这些都能反映出人们对某种特定职业的热衷程度。

(三) 职业的功能

职业角色及活动对人与社会的影响,就是职业的功能。

1. 个人视角下的职业功能

(1) 对兴趣的影响

积极进行某种活动的心理倾向或一个人热衷于认识某种事物,即兴趣。兴趣由人们的需要而产生,并在其社会实践中逐渐地发展起来。所以说职业会影响一个人的兴趣和爱好。

(2) 对性格的影响

在先天生理基础上,一个人在不同环境的熏陶下逐渐形成的而且比较稳定的心理特征,是我们对性格的定义。每一种职业要求承担者掌握与此有关的特定知识和技术,特有的职业道德、办事章程、操作规则和对事态度及处事原则等。不同性格的人,适合不同的职业。

(3) 对生活方式的影响

狭义的生活方式,主要是指人的言谈举止方式和其他的日常生活方式;广义的生活方式所包括的则是除了狭义生活方式的全部内容之外,还有人的劳动方式、工作方式。不同的职业,往往有不同的劳动方式、工作方式,原因则是不同的职业要求岗位职员必须掌握不同的职业技能并遵守不同的职业规范。

(4) 对生活道路的影响

人们对社会所承担的责任,会因职业分工的不同而不同,而这对于一个人生活目标的确立以及人生道路的选择有着直接的影响。

(5) 对个人及家庭的影响

获得经济收入的主要手段是职业,不同的职业所带来的经济收益往往存在着差别。而不同的职业给人带来的权力也大小不等。虽然某种职业的社会权力和经济收入并不能完全决定其从业者的社会声望,但仍有影响。职业的声誉、岗位晋升的机会、历史传统与劳动环境条件等,也都是影响职业声望高低的因素。

在大多数情况下,人们可以从对方的言谈举止上,大致判断出其从事的职业。这是由于长期从事某种特定职业的人,往往会形成一种特殊的职业标准模式,而这将会长期影响其生活方式。

2. 社会视角下的职业反映着社会的进步

职业的发展，是促进社会发展进步的动力。职业分工是构成社会经济制度运行的主体。人类社会的社会活动，是由职业的存在及职业的活动构成的，财富由社会职业劳动中产生，并为社会的发展与不断进步奠定了物质基础。

二、生涯与职业生涯

（一）生涯的概念

在生活中我们偶尔能够听到"生涯"这个词，像学术生涯、戎马生涯和艺术生涯等说法。"生"在汉语中的意思是生命，"涯"则指限度、边际。所谓"生涯"，即是指生命的尽头、边际。《庄子·养生主》中首先出现了生涯一词：吾生也有涯，而知也无涯。原意是指人生有边际，生命有限度，后来多指人生、生命。中国古代的诗词当中也有生涯这个词，含义大致有以下几种：第一，生活。宋代陈亮的《谢陈参政启》中写道：暮景生涯，恍如落日；少年梦事，旋若好风。这里的生涯的含义是指一种生活方式。第二，生计。唐朝沈佺期有诗《饯高唐州询》：生涯在王事，客鬓各蹉跎。高文秀所作《襄阳会》第一折有云：叠盖层层彻碧霞，织席编履做生涯。此处的生涯含义，就是以维持生计为目的的活动，这也正是职业一词的含义。生涯一词在《辞海》中的定义是：从事某种活动或职业的生活。

Career 是英语中的"生涯"，从单词的来源上看，拉丁文字 Carrus 及罗马文字 Via carraria，两者意义均为古时候的战车。希腊语言中 Career 这个单词的含义有一条是疯狂竞赛，常用于动词，像驾驭一匹马（to career a horse）。使用"生涯"一词，在西方人的眼中就好像在马场上驰骋竞技，因为这个词语有未知、冒险等含义。人生发展历程是当下生涯的引申义，Career 在汉语中也被翻译成职业生涯。外国学者对生涯的定义因时代相异、视角不同等因素，所以也有所差异。舒伯对生涯的论点是目前大多数西方学者比较接受的对于生涯的定义是：生活中各种事态的演进历程与发展方向。综合了一生当中人的各种生活角色及职业，由此表现出的个人独特的自我发展形态。

人生中以"工作"为中心的发展历程即生涯。综合性便是生涯的第一个特点,不仅仅局限于职业角色。也包括工作有关的任何角色,如退休者、老师,甚至包括父母、子女及公民等角色;第二个特点是终身性,由生到死,其发展贯穿人的一生。

生涯是一个动态的历程,而非一个不动的点;生涯相伴人的一生,如影随形,而不只是发生在人生的某一阶段。每个人的生涯也会因家庭、经历、遗传和所处社会环境的不同而不同。因此,个性化的发展才是生涯的发展。即使每个人处于同一文化背景下,生涯的发展也会因其他不确定因素的影响,而存在差异性。

(二) 职业生涯的概念

工作(job):一个特定的由一些相似的职位所组成的专业领域。例如,左前锋和右前锋在一个足球队同时存在,前锋是它们共同的工作。

职位(professional position),职位与分配给个人的具体的任务直接相关。所以,职位对应参与工作的个人,有多少职位,就有多少参与工作的个人。举个例子,11个队员组成一支足球队,表示足球队的职位里有11个。这些职位是门将、后卫、前卫、前锋等。

职业(occupation):一系列相似的、在同一专业领域中的服务。例如,教师是一种职业。

职业生涯:指的是一个人在一生所经历的工作生活中所有职业的总称,是一个人一生之中经历的全部职位的完整历程。具体来说,职业生涯是以业绩的评价、工作内容的确定、职务变动、职称、工资待遇为标准,以智力开发、生理开发、心理开发、伦理开发、技能开发等潜能开发为基础,以满足自身需求为目标的内心体验经历与工作的经历。

也许一个人一生中从事多种职业,也许一生只从事一种职业。对于每一个人来说,职业生涯都是一个漫长的过程。每个人都渴望找到一份稳定且适合自己的工作。一个人对自己职业的选择往往会受到其自身机遇、爱好与工作环境等主客观因素的影响。只有调整好心态,根据现实工作的需要,改变原来的职业目标,对所从事的职业培养敬业精神,在实践工作中产生对该事业的热爱;只有这样,才可以全身心地投入到工作中,实现自我人生价值,并为社会的发展与进步贡献出自己的力量。职业生涯是以"工作"为中心的历程,但它指的是从进入工作到退出工作的一整段历程。职业生涯具有如下特点。

1. 个体差异性

从大致的发展形态来看，可能一些人有着相似的职业生涯发展形态，但是其发展的过程却可能大相径庭。每个人的职业发展都是独一无二的。不同的人有不同的追求、不同的特质，从而造就了每个人不同于他人的职业发展经历。职业生涯是为了自我实现，依据其个人的人生目标，逐渐展开的一段独特的生命历程。在职业生涯中，个体的差异性决定了每个人应该根据自己的特长选择一条适合自己的职业发展道路，而不存在一条适合每个人发展的职业道路。

2. 内在性与外在性

职业生涯的内在性，指的是职业生涯发展表现在心理素质提高、观念更新、经验丰富、技能提升等内在因素上；职业生涯的外在性，指的是职业生涯发展表现在待遇提高、职位提升、工作权限增加、工作环境改善等外在因素上。这两者是相互联系的，而不是孤立的。职业生涯的外生在性发展会促进职业生涯的内在性提升，职业生涯的内在性发展是职业生涯外在性发展的基础。只有同时发展职业生涯的两种特性，职业生涯之旅才会一帆风顺。

3. 互动性

主动性和能动性、个人的自我观念、个人掌握的职业决策技术及社会职业信息等，对其生涯都有着重要的影响。个人与他人、个人与环境、个人与社会的互动，造就了一个人的生涯。

4. 发展性

职业生涯是一个发展的动态的过程。每个人在不同的人生发展阶段，会有不同的诉求，在工作生活中这些诉求不断地表达出来，并寻求满足的方法。人们正是通过这些诉求的表达，成为了自己职业生涯的塑造者。

三、职业生涯规划

（一）职业生涯规划

职业生涯规划，最早起源于美国。在经过几十年的发展之后，才有了更为广泛的含义。特别是到了20世纪五六十年代，生涯的概念经过舒伯等人的提出，职业生涯规划已经不再仅仅局限于职业指导的层面。

在生涯发展的理论中，舒伯将其视为一个人从生到死的过程。这其中包括：0—14岁的成长阶段，孩童探索自己周围的一切事物并逐渐地开始对某些特定的事物产生兴趣，也随之逐渐地掌握一些与职业相关的基本能力。15—24岁的探索阶段，通过在学校的学习、社团活动等锻炼机会，这一时期的青少年开始探索自我能力，尝试对职业产生自己的一些假想。在这个时期，对职业的偏好就已经开始出现，并逐渐形成几个比较具体的职业方向。使职业偏好逐渐地特定化和具体化，是该阶段的发展任务。25—44岁的建立阶段，开始不断尝试与选择适合自己的职业领域。这一阶段较能确定在整个事业生涯中属于自己的"位子"，不适合者会谋求变迁或作其他探索。在31—40岁，这个阶段发展的任务是统整、稳固并求上进，开始考虑如何守住这个"位子"并逐渐固定下来。45—65岁的维持阶段，通过不断地付出与努力，获得自己职业生涯的成就并逐渐地在自己工作的领域中占据一席之地。总之，该阶段发展的任务是维持并发展已有的成就与地位。65岁以上的衰退阶段，迫于自身生理机能的日益衰退，退出原来的工作岗位已成定局，个人职业角色的分量开始减少并准备开始自己的晚年生活。这一阶段寻求以不同的方式替代和满足个人的需求，往往注重发展新的角色。

如图1-1-1所示，探索期，正是大学生的生涯发展阶段所处的时期。这个阶段的主要任务是，从多种角度中探索自我，逐渐确定职业偏好，并开始在所选定的领域中起步、发展。

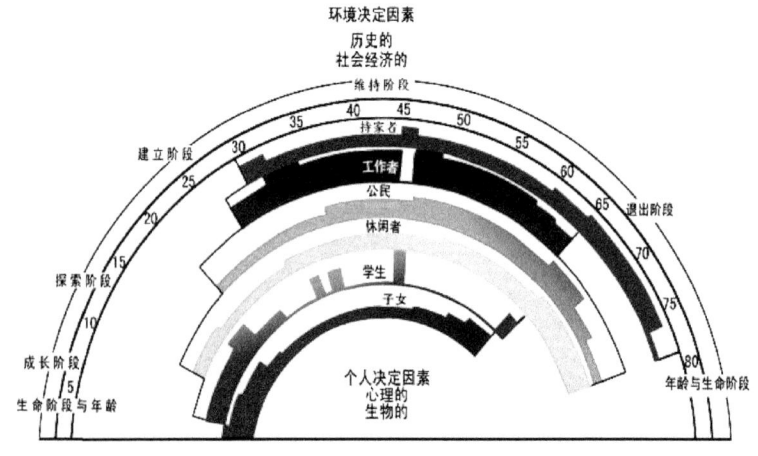

图1-1-1 舒伯的职业生涯彩虹图

通过舒伯的生涯彩虹图，我们可以看到职业生涯规划立体化了。人生的核心内容之一是职业，但职业不是人生的全部；职业规划是对个人未来从事何种工作以及如何做好这份工作的规划与设计，但这不是生涯规划的全部。从空间来看，关注非职业角色对一个人的影响，同样是对职业角色的重视；从长度来看，它包括一个人从出生到死亡的整个生命历程。

职业生涯规划主要取决于两个方面：一是当事人或大学生自身的实际情况，当事人自己在其中起主要作用；二是社会发展的客观需要，尤其是社会职业的现实要求。职业生涯规划是一个系统工程。大学生职业生涯规划，是当事人结合社会发展需要和社会职业的要求，在内心动力的驱使下，依据现实机会及条件所制定的个人化的实施方案，而不是学校或社会强加在个人身上的实施方案。

职业生涯规划是指客观认识自己的个性与兴趣、能力与价值观，在对个人和内部环境等因素进行充分分析的基础上对各种职业的需求、趋势进行深入地了解，以此确定出自己的职业发展目标和实现该职业目标的职位，制定基本的措施和与之相对应的教育及培训计划，有效提高职业发展所需的决策、应变和执行技能，灵活调整，高效行动，使事业顺利地发展，并在事业上获得最大限度的成功。职业生涯规划是对生涯规划的狭义理解。

（二）职业生涯的特点

1. 适应性

职业生涯，是一个不断发展变化的动态过程。由于受到多种不可控因素的影响，规划未来的职业生涯目标时，应该留有余地，以增加其适应性。特别是要与社会的发展以及行业的现状相适应。

2. 适时性

规划是要确定未来的目标与预测未来的行动。因此，何时实施、何时能够完成，在对各项活动做规划时就应该有时序上的安排，并以之为根据检查其执行情况。

3. 可行性

规划要保证切实可行，要有事实做依据。例如，一个从小协调能力和身体节奏感就很差的人，花费大量的财力、物力、人力去学习舞蹈，要做一名舞蹈家，结果耽误了其他兴趣开发的机会，舞蹈也没学好，事倍功半。导致这样结果的原因，就是没有符合生涯规划可行性的特征。职业规划并非只是美好幻想或不着边际的梦想，不能保证规划的可行性，将会延误生涯发展的良机。

4. 持续性

不能在规划过程中删节掉生命周期中的某一阶段，应该要保证人生每个发展阶段持续、连贯、衔接。

第二节 职业生涯规划的内容与步骤

做好职业生涯的规划并不难，这与制定一份旅游计划在很多方面都很相似。例如制定目标、实现的过程，都和一个人的自身条件及兴趣爱好等密切相关。对目标和过程的选择，没有绝对的好坏之分。条条大路通罗马，不同的道路上会有不同的风景，所以在安排旅游行程时，只有对某人某个时间段比较合适的路，没有哪条路是绝对好或绝对坏的。对个人的生涯发展来说同样如此。了解目的地信息，可以让行程更有把握。但无论对信息有多么细致的了解，也要对意外及风险做好心理准备。能否如愿地达到目标，往往取决于你是依赖环境或别人，还是计划的推动者；前者常让人无所作为、陷入抱怨。

一、职业生涯规划的内容

职业生涯规划，指的是在职业生涯发展过程中一个人的计划或安排，确定理想中的职业目标并为实现该目标，作出可行的安排。职业生涯规划总是在对个人职业生涯的主客观条件进行评定、分析、研究与总结基础上完成的。

在这个安排的指导下，个人能依据各计划要点，运用环境资源，充分发挥自我潜能，以达到在各阶段职业生涯的成功，从而最终实现人生目标。也就是说，是在个人对自己未来可能的行进路径、目前的资源条件及过去的成长背景等有了相当的认知之后，即依照对个人的重要程度，予以妥善的安排。个人未来的职业生涯发展路径，往往会受到不同的职业生涯决定的影响。由于每个职业生涯决定都有其利弊得失，所以在拟定职业生涯规划时必须周全地考虑每个阶段的需要及状况，并尽可能保证所制订的职业生涯规划有足够的弹性。

（一）职业生涯规划的主要内容及其相互关系

程社明博士是著名职业生涯学研究者与培训师。他曾提出，有如下十项关联密切的内容是一份内容完整的职业生涯规划所必须包括的。

1. 十项内容

1）题目。包括姓名、年龄、起止日期、年限。如：×××，四年职业生涯规划，18—22岁，2016年9月—2020年9月。

2）对社会环境分析得出的结果。这其中包括对于经济、政治、法律等环境的分析，同时也包括对于职业环境的分析。

3）职业方向及总体目标。指的是自己的就业方向以及目前来看所能预见的最长远目标。

4）潜力测评结果及自身条件。包括了解自己的发展潜能和目前状况。

5）行业分析结果。包括对发展领域、行业文化等的分析，是指对打算从业的行业进行分析。

6）目标组合及目标分解。通过目标组合和目标分解的方法，分析制订、实现目标的主要影响因素，作出明确的目标选择。

7）角色及其建议。考虑那些能对自己的职业生涯产生重大影响的人的建议。

8）理想与现实的差距。就是实现目标要求与自身现实状况之间的差距。

9）成功标准。即衡量成功的标准有哪些。

10）缩小差距的方法及实施方案。包括如何缩小差距、如何实施两部分。

2. 十项内容的相互关系

职业生涯规划中的十项内容的相互关系，是实现梦想目标的具体步骤。总的来说，可以分为四个相互关联的层次：

1）将美好愿望变成目标——题目，职业方向，总体目标。

2）研究实现目标的可行性——个人分析及潜能测评，职业分析，行业分析，环境分析，角色建议。

3）设计实施方案——目标组合，目标分解，成功标准。

4）落实实施方案——找对方法，对准差距，实施步骤，完工日期。

（二）职业生涯规划的类型

职业生涯规划按照时间跨度来划分，可分为：短期规划、中期规划、长期规划和人生规划。

所谓的短期规划就是两年以内的规划，主要目标是规划自己的近期目标以及确定近期所应完成的任务。如计划在一年内打好专业基础，并找到适合自己的专业发展方向。为此，作为大学生，在一年的时间里就要花较多的时间多读书，多向高年级学长请教、学习，多与老师交流。

中期规划是2~5年内的职业目标和任务，是最为常用的一种职业生涯规划。如大学毕业后打算做一名教师，以此为目标参加的培训，并完成相应的学业等可采取的行动。

长期规划通常要考虑5~10年内的规划，主要是设定较长远的目标。如计划在30岁之前成为公司部门经理并掌握公司内部较大的权力，以及为实现此目标所应采取的具体措施。

个人职业生涯规划如同将要拾级而上的台阶，从短期到中期，再到长期，直至整个人生规划，一步步地发展提高。但在实际操作中，时间跨度太短的规划意义不大；而时间跨度太长的规划又会受到来自环境、个人的变化的影响从而难以把握。因此，一般来说在2~5年内的职业生涯规划比较好。这样既便于制定目前状况下切实可行的目标，又便于根据现实的反馈做出及时的调整和修正。对于大学生来说，制订职业生涯规划，具有特别重要的意义。大学阶段的学生对自己的发展规划并不十分明确，还不能运用职业生涯规划的理论对未来几年内的职业发展方向进行有效地计划，这种情况对学生的准确定位产生了严重影响，甚至会影响到未来工作的适应性和方向性。

由于每一个人的状况和需要不同，大学阶段的学生在制订生涯规划时，所采用的方式途径也有所不同。

一年级为试探期。对各个职业做出初步了解是这一阶段应该完成的任务，与自己所学专业对口的职业或是自己憧憬的职业特别如此。平时可以多参加学校活动，多和师哥师姐们交流，增加交流技巧，提高人际沟通能力。尤其是向毕业生询问就业情况。学习计算机方面的知识，努力通过计算机和网络辅助自己的学习。

二、三年级为定向期。这一阶段的学生应考虑清楚未来是继续深造还是就业，了解与之相关的活动，并有所针对地提高自身的基本素质，检验自己的知识技能；通过参加学生会等组织来主动锻炼自己的各种技能并有意识地培养自己的计算机应用能力和英语口语能力，通过计算机和英语的相关证书考试；也可以尝试各种社会实践活动，最好能在课余时间持续从事与自己规划中的职业或与所学专业相关的工作，提高自己的主动性、责任感和承受挫折的能力，并开始有选择地辅修其他专业的知识以充实自己。

四年级为冲刺期。这一阶段因为临近毕业，所以目标应锁定在确定自己应该直接就业还是继续深造。在撰写专业毕业论文时，大胆提出自己的见解，培养自己独立解决问题的能力；在提高求职技能并和同学交流求职心得体会的同时，还可以搜集一些用人单位的信息并找已经毕业的学长了解往届毕业生的求职情况，学习并制作简历、求职信，了解搜集工作信息的渠道，并积极尝试。积极利用好学校提供的就业条件，了解就业指导中心提供的用人单位资料信息，进行模拟面试等训练，尽可能地在有较为充分准备的情况下进行实战演练，以强化求职技巧。

二、职业生涯规划设计方案

对于一个人来说，没有了目标就没有了前进的方向。一个明确、适合的目标能够指引学生们找到人生的方向、走向人生的成功。有些人因涉及作出具体决定而不愿制订自己的职业生涯规划。一个人如果想成为教师，则很难同时成为公司经理。选定了目标就意味着放弃了追求其他目标的机会。而对于一些不愿制订规划的人来说，复杂的社会环境是使他们对作出的承诺感到不安的原因，而且他们害怕假如达不到目标，会对其自我理想造成打击。所以说有时我们不愿制订职业生涯规划，是因为不能妥善处理不同目标之间的关系。

（一）职业生涯目标设定

多数大学生在选择上大学的志愿时已经对将来从事的职业方向有了一

个大致的设想，是做市场经济的弄潮儿，还是做人类灵魂的工程师；是法律的守护神，还是做救死扶伤的天使。关键是有没有设立明确的目标，而不是选择了什么职业。三百六十行，行行出状元。

1. 路线的选择

确定自己的职业路线是首要任务，只有确定了路线才能选择目标。对于职业发展路线而言，不同的发展路线对从业者的素质要求不同，因而影响到今后发展的方向也会不同。对于大学生来说，是指向行政管理方向的发展，还是指向专业技术方向的发展。

在职业生涯发展路线抉择过程中，可以询问自己三个问题：

第一，什么路线是我可能的发展路线。

第二，什么路线是我适合的发展路线。

第三，什么路线是我向往的发展路线。

企业中，财务人员的职业生涯发展路线通常是会计员—主管会计师—财务部经理—公司财务总监；大学教师的职业生涯发展路线可以是：助教—讲师—副教授—教授。职业生涯发展路线类似于一段阶梯，我们可以由低阶至高阶步步攀升。

有的人适合做管理工作，可以成为一名优秀的管理人员；有的人适合搞科研，能够在专业领域取得突破。基础素质的差异，造成了每个人适合的职业生涯发展路线也不一样。一般来说，行政管理型路线、专业技术型路线和自主创业路线，是大学生可供选择的三种职业生涯发展路线。

（1）行政管理型发展路线

如果一个人在处理人际关系问题时，总是感到得心应手并且喜欢与别人打交道，同时考虑问题又会比较理智，由衷地热爱管理并善于考虑问题，善于影响他人并追求权力，那么应该把管理这个职业当做自己的目标，行政管理型发展道路是最恰当的选择。行政管理型发展路线的发展阶梯一般是从基层的职能部门开始，逐步向中、高级领导部门提升，与此同时管理的权限和承担的责任也会越来越大。行政管理型发展路线对人际关系技巧、个人素质的要求比较高。一般来说，善于处理人际关系但是思维分析能力欠缺、感情耐受力较差的人，通常只能是停留在较低层领导岗位上；而能够成为任职部门的主管、甚至是做到更高层职位的人，往往是那些既善于处理人际关系又有思维能力的人。

（2）专业技术型发展路线

财会、工程、法律、销售、生产等专业方向，就是专业技术型发展路线。需要具备较好的分析能力，并要求有一定的专门技术性知识和能力，是这些发展路线的共同特点。要想具备这些能力，需要经过长期的学习与实践锻炼。

如果不喜欢从事管理活动，而是对专业技术内容本身感兴趣，喜欢独立思考，并追求这方面的提高和成就，最好的选择就是专业技术型发展道路。相应的发展阶梯是技术职称的晋升及奖励等级的提高、物质待遇的改善及技术性成就的认可。

（3）自主创业路线

近年来我们国家也大力倡导大学生自主创业，选择自主创业型发展路线的学生会越来越多。大学生就业竞争的加剧，也是使一部分同学选择了自主创业的道路的原因。对于自主创业者来说，客观上要有良好的机遇和适宜的土壤；主观上不仅要有对成功的渴望，而且还要有较好的心理素质，要能承担风险并善于开拓新领域及新产品。自主创业虽然看似无人管束，但创业途中遇到的困难常人则是无法体会的。

总之，一定要综合考虑自己的价值观、个性、兴趣、能力和社会与组织环境条件，结合实际，权衡以后再确定，才能在自己的职业生涯发展路线上做出正确的选择。

2. 目标的选择

有无一个正确而适当的人生目标，很大程度上决定了一个人的人生能否取得成功。人生目标选歪了，或者根本没有人生目标，是很难成就一番事业的。如果没有作为驱动力的目标的话，人类懒惰的天性往往使人很容易对现实状态妥协。因此，制定的目标要切实可行，以便在今后的人生发展过程中，排除不必要的干扰并能全心致力于目标的实现，这才能算是有效的职业生涯规划。

大学生设定自己的人生目标，进行自我职业生涯规划，实质上是在考虑自己想取得什么样的成就，想成为什么样的人，想做什么样的事等问题。如果可以结合现实情况把这些问题考虑清楚，人生目标就很容易确定了。目标确定后，还有一个选择的问题，即选择一个最适合自己的目标，作为自己的人生奋斗目标。目标的选择，需要对外部环境和自身条件各因素进行客观全面的分析。

人作为独立的个体而存在，一般来说，在人生发展过程中都存在着威胁，同时也存在着机会；每个人都有自己的劣势，也有自己的优势。机会和威胁来自外部环境，优势和劣势从属于个人自身。因此，从这两个方面分析、反思自己，可以使自己在设定目标和选择目标时更有理性和可行性。

（1）机会分析——有利于职业选择和发展的机会

1）对社会大环境的分析：当前社会经济、政治、文化、科技发展趋势中，是否有利于自己所选择职业发展，具体是在哪一方面。

2）人际关系分析：哪些人可能对自己的职业生涯发展起到帮助，怎样与他们保持联系。

3）对自己所选择的行业分析：自己选择的行业在整个社会经济发展中将会有怎样的地位与发展趋势。

（2）劣势分析——自己落后的地方

1）经验或经历中所欠缺的方面。现实需要自己做某项工作，而之前却从未接触过；也许自己曾经经历过多次失败，找不到成功的路径，这都说明经历的欠缺。欠缺本身并不可怕，可怕的是自己总是认识不到，而一味地不懂装懂。

2）性格弱点，如感情用事、不善交际等。卡耐基曾经说过，对人性中存在的弱点需要认真对待，它并不可怕，关键是要有正确的认识并尽量找寻克服它的方法以趋于自我的完善。优柔寡断的人很难担当管理者的重任，而独立性过强的人很难与他人默契合作。

（3）优势分析——自己出色的方面

1）学习过什么。在校期间自己从课堂上学过什么，受过什么样的培训，打算在今后的生活中学习什么，自己有什么独到的专长，兴趣点又是什么。专业也许在未来的工作中起不了多大作用，但在一定程度上影响着未来职业的方向。

2）曾经做过什么事。指的是曾经的人生阅历，比如曾经获得过什么样的奖励，参与或组织过什么样的社会实践活动，在学校期间担当什么的职务等。以上这些经历，可以从侧面反映一个人的素质状况。自我分析的时候要善于利用曾经的经验与教训。

3）最成功的是什么。在曾经经历过的事情里面，自己感觉最成功的是什么？为什么会取得成功？通过这些分析，可以发现自己性格中优秀的一面并能够以此作为深层次挖掘的动力之源和个人魅力的闪光点，这将会是职业生涯规划的有力支撑。

（4）威胁分析——存在的潜在危险

1）变化的经济形势；

2）高度的就业压力；

3）走向衰落的行业现状。

一幅清晰的职业生涯机会图，在通过这四个方面的步步追问后就会呈现在自己的面前。在分析时，要注意权衡各种机会并使自己的考虑尽可能地全面，并从中选出最优的机会。

3. 目标的确立

在现实生活中，有这么一些人，他们考察环境机会了，也认真分析自我了，同时也确立了自己的目标，但就是无法达到目标，不是无所适从，就是半途而废、知难而退，其原因，还是目标没有确立好。设定目标要符合下列要求：

1）充分了解每一个行为的目的，给行为设定明确的方向。

2）把握现在，未雨绸缪。

3）合理安排时间，认清什么是最重要的事情。

4）把重点从注重成果转移到注重过程上来。

5）评估每一个行为的进展，分析每一个行为的效率。

6）在没有得到结果之前，也能"看"到结果，从而保持持续的信心、热情与动力。

有的大学生虽然对自己职业生涯的规划有比较高的热情，但阅历不够丰富，实践经验相对较少。因此，在确立职业生涯目标时，需要注意以下几个方面。

（1）个人目标与社会目标一致

人是社会的人，人不可能脱离社会而独立存在。因此，即使个人目标是自己的目标，是自己的事，但个人目标的实现并不是仅靠自己的力量就能实现的。一定要确立与社会发展目标相一致的职业生涯发展目标，这样实现的过程就会比较顺利。

（2）目标要明确、具体

目标过于宽泛，容易造成不能有意识地收集相关领域的信息，无法有效地自我提高，实现目标的行动就会陷入困惑。做一名教师是一些人制订的职业生涯目标，但是教师有多种，如大学教师、中学教师、小学教师，并没有具体到做哪一种教师。这个目标就太空洞了。职业生涯规划的目标一定要定得具体一点，以便于操作。

（3）高低适度

目标确立应脚踏实地，不宜好高骛远，也不要眼光太低。有的人设定的目标太低，甚至于不用努力就能轻松达到，自己也感觉不到什么成就感，结果老是徘徊不前；有的人为自己设定了过高的目标，以至于无论怎么努力也无法达到，结果只能是一事无成。

（4）兼顾平衡

人生是丰富多彩的。在人生发展过程中，职业生涯目标要与生活目标结合考虑，兼顾平衡。

（5）不要太贪心

人不可能一心二用。人的精力不是无限的。有的人心高气盛，自我感觉良好，别人定一个目标，他定四个、八个……结果一个目标也无法达到。目标太多，难免会顾此失彼，到头来竹篮打水一场空。

（二）职业生涯目标的分解

在人生发展过程中实现一个远大宏伟的目标，必须分解成若干易于达到的阶段性目标，很少能够一气呵成。将职业生涯规划中的远大目标，根据知识、观念及能力差距，分解为长期、中期和短期目标，这就是职业目标的分解。

让我们清楚每一步应该做什么，就是目标分解的目的。目标的分解是将目标量化成可操作方案的有效手段。通过目标的分解，我们可以在梦想与现实之间搭建起能够拾阶而上的阶梯。所以说，目标的分解是实现职业生涯目标的非常重要的方法。

按时间分解和按性质分解是目标分解的两种主要方法。按时间分解则可以将目标分解为短期目标、中期目标和长期目标；而按性质分解又可以把目标分为内职业生涯目标和外职业生涯目标。

1. 按性质分解

按性质分解是针对目标，按目标性质并借鉴内、外两种职业生涯的理论，把目标分解为内职业生涯目标与外职业生涯目标两种。其中内职业生涯目标的侧重点是观念、能力的提高，内心感受和知识与经验的积累。外职业生涯目标指的则是职业过程的外在标记，侧重点为职务目标、工作地点、工作内容、经济收入目标、工作环境目标等。

内职业生涯目标的内容即能力、知识与经验、观念与内心感受、心理素质等，这些是自己的东西，是靠自己的努力而获得的，是无法被别人拿走的。而外职业生涯的这些因素多数是别人给予的。如果大学生只是追求外职业生涯的内容，自己就会有担惊受怕的感觉，经常陷入不安的情绪之中。

在我们分解自己的职业生涯目标时，应该对内职业生涯目标与外职业生涯目标同时进行分解。

2. 按时间分解

按时间分解主要是把按性质分解的目标作出明确的时间限定，把职业生涯目标阶段化。最终目标取决于一个人的知识能力水平和价值观念，是对自身条件、家庭及环境条件作最大量分析之后得到的结果。每个人能够预见自己的最终目标的能力个体差别比较大。有些人到退休时仍未能搞清自己的最终职业目标所在；但也有的人在30岁已能预见自己的最终职业目标。

正确认识和把握长期、中期、短期目标的特征，对于我们按时间分解职业生涯目标有着重要的意义。

（1）短期目标的特征

1）未必由自己的价值观决定；

2）目标切合实际；

3）目标可能是自己选择的，也可能是被动接受的；

4）明确具体的完成时间；

5）具备可操作性；

6）需要适应环境；

7）对实现目标有把握；

8）现实眼光；

9）朝向长期目标，以"迂"为直；

10）接受已经发生的事实。

（2）中期目标的特征

1）基本符合自己的价值观，充满信心，且愿意公之于众；

2）结合自己的志愿和环境的要求制定目标；

3）能用明确的语言定量说明；

4）目标切合实际并有所创新；

5）有比较明确的时间限制；

6）可以利用环境；

7）对目标的实现可能性做过评估；

8）全局眼光；

9）改变有可能改变的事情；

10）与长期目标一致。

（3）长期目标的特征

1）非常符合自己的价值观；

2）目标是自己认真选择的，和社会发展需求相结合；

3）能用明确语言定性说明；

4）有实现的可能，并有挑战性；

5）对实现目标充满渴望；

6）在一定时间范围内实现即可；

7）立志改造环境；

8）长期眼光；

9）目标始终如一，长期坚持不懈；

10）创造美好未来。

三、职业生涯规划的步骤

对于生涯规划的内容、步骤及环节，阐述和概括不尽相同。如有人阐述职业规划的步骤为：确定志向、职业生涯机会评估、自我评估、职业生涯目标的确定、职业的选择、制定行动方案、职业生涯路线的选择、评估和反馈，其中生涯规划的核心是职业生涯目标的确定；如江文雄在《生涯规划》一书中把生涯规划过程总结为：先觉知、有意愿、衡外情、量己力、找策略、订目标、重实践、再调整、善反省、重出发的循环历程，等等。综合这些阐述，生涯规划的重要环节可以归纳为以下几点：认识自己、认识环境、确立目标、付诸行动、再评估。

1. 认识自己

小黄是一个大二学生，一年的大学生活已经过去了，她对大学的新鲜感逐渐淡去，面对新入学的同学，她成了一位老生，并且是一位学生干部，每天忙着听讲座、上课、参与组织活动、参加社团活动、和同学聊天逛街……每天都很忙，但她却又不知忙了些什么。有时想把学生干部的工作辞掉，可想到要为毕业后的工作打下基础，觉得这些付出也很值得。对毕业后将来的发展静下心来进行思考，她也感到很迷茫，一方面虽然学农，她喜欢法律，关注的是法律硕士，但了解后感觉就业有些困难，就改变了想法；另一方面她报了自考本科，等拿到了本科证，考公务员或尝试考研。参加了一些企业的校园推介会，相对考研来说，觉得做业务很不错，奋斗的时间相对来说短，费用也少。所以，她又动摇了。这些问题让她很纠结，不知该怎么选择来确定今后的发展方向。

我们可以看到，她的情况是很多大学生遇到的共性问题，已经开始初步探索自己未来感兴趣的职业发展方向，思考自己的兴趣、能力和性格到底适合做什么工作，思考在学校的学习、工作和生活如何与未来的职业相联系。但都有些困惑和迷茫甚至苦恼，最根本的是对自我的需求不够明确。解决这个问题，首先必须要帮助他们理清自己的需求和喜好，这样才能确定选择的标准。可以通过职业规划的认知和探索，使他们可以更好地认识自己，知道自己的需要和愿意培养的方向，从而更加合理地安排自己的实践和学习活动，使自己面对未来更加从容地做出选择，避免陷入盲目之中。

一个有效的职业生涯设计，必须是在充分且正确认识自身条件与相关环境的基础上进行的。要弄清楚自己的人格类型、职业兴趣、职业能力、职业价值观等，认识自己，审视自己，了解自己，自我评估，包括自己的特长、兴趣、学识、性格、技能、情商、智商、思维方式等。即要弄清自己能够干什么、应该干什么、想要干什么、会选择什么等问题。要对自己的职业做出正确的选择并选定合适的职业生涯路线，对于自己的职业生涯目标做出最佳的抉择，只有充分了解和认识自己才能完成。可以运用量表、测验等认知工具来帮助自己，也可以征求一下旁人的意见，从而得到更加客观的评价和认识。

2. 认识环境

进入 21 世纪，我国正在进行着空前的政治经济改革，在变革中社会正不断进步，我们应该增强对社会发展大趋势的认识，善于把握社会发展的脉搏。因为社会环境制约着每个人的职业发展。在把握社会大环境的基础上，对自己所处的国家或地区的经济、政治发展趋势有清晰的认识；社会发展趋势对此职业的影响，社会对此职业人才的需求过程，所选定的职业在社会环境中的地位等。所以，职业生涯规划要充分认识与了解相关的环境，分析环境条件发展变化的特点以及环境因素的限制。对本行业的形势及发展的趋势要做到了解。通过各种渠道、媒体，收集和了解各个行业相关的信息，以及具体职业对工作人员的要求、条件和薪资待遇等，综合分析社会大环境。

3. 确立目标

通常，目标有长期、中期和短期三种目标之分，确立目标是制定职业生涯规划的关键。短期目标是长远目标的组成部分，更具体，对人的影响也更直接。确立长远目标时，要立足现实，慎重选择，使之既有现实性更有前瞻性，长远目标需要个人经过长期不懈奋斗与艰苦努力才有可能实现。在当今大学生的现实生活中，多数人都是忙忙碌碌，参加各种活动，准备各种考试，选修各种课程，却没有明确目标。一方面停不下来，只是盲目地胡乱奔跑；另一方面却又感到迷茫，不能静下心来花一点时间看清楚自己的方向。只有当个人在头脑中对自己的职业发展方向有比较清晰的概念，他的生命才会有方向和意义，而这也正是人生最宝贵的财富之一。

4. 付诸行动

当中长期目标被我们分解为一个个短期目标时，自己就有了具体的行动计划和步骤。自然，光有目标和计划还不行，最重要的还是落实行动。没有人会认为自己的时间是无限的，想做的事情不可以无限延期。在每一日的生活中我们完全可以做一些微小的事情，一步一步接近自己的理想，而不是在等待中虚耗生命。付诸行动，就是按照自己设计的道路，朝着目标努力奋斗。

5. 再评估

人生目标往往是特定的社会环境和条件的产物。所谓知己知彼、百战不殆，对自我及环境了解得越透彻，就越能做好职业生涯的规划。环境和条件总在变化，确定了目标也应该随时做出修改和更新，况且这样的目标并未镶刻在石头上，它的存在只是为我们的前进指示一个方向，提供一个架构。

职业生涯规划是个人生涯发展的长期计划，但并不是说一个人做了这个规划这辈子按着这个计划进行就足够了。生涯规划应依个人不同的成长阶段与社会变迁，随时调整。几年前做的生涯规划是否符合当前自己的发展没有人能保证，无论个人还是环境都会发展变化，每过一段时间个人需要回顾和审视自己的发展，看看是否需要调整自己的职业生涯规划。职业生涯规划的意义主要是让人们懂得如何把握生涯，而并不仅仅在于制定一个长远的发展计划。若因本身在各方面的条件均有限、成熟度不够、无法深思熟虑，或因对社会的认知深度与广度不足，再加上处于如此快速变迁环境中，若对自己的生涯规划不能因应需要适时调整，那将会难以适应。生涯规划是让人们在更加了解自己的基础上勇于探索，更大程度地实现自我，而不是用一个计划去限制人生的发展。

所以，对生涯规划要有自己合理的预期。生涯规划未必能立竿见影，马上为自己带来理想的工作，它是一种面对生涯发展的态度，是一项工程。只有做好生涯规划，科学地选择适合自己的发展道路，才能使自己的事业获得成功，才能收获精彩的人生。

四、职业生涯规划成功的条件

作为人生的大事，职业生涯规划由于执行的时间长，任何人在这漫长的数十年中，都有可能遭遇到许多无情的冲击，甚至若得不到外力支持，可能会就此一蹶不振。所以，若缺乏以下条件，即便是再好的生涯规划，想要取得成功也无异于缘木求鱼。

1. 身心健康

身体不健康，一切无从谈及，再美好的职业生涯规划也无法执行，更无成功可言。事业成功的最基本保证是健康的身体，同时也是成为社会有用人才的最基本的条件。大学阶段是人体发育过程中的重要阶段，处于青年期的大学生，要通过各种方法磨练意志、提高身体素质，对身体各器官、各部位进行系统全面的锻炼。促进正常的生长发育和身体的全面、均衡发展，从而使自己体力充沛、身体健康、思路敏捷、精力旺盛。同时，要积极参加社会实践和人际交往，锻炼社会适应能力，培养健康的心理素质及健全的人格。

2. 改变不良习性与嗜好的决心

在《钢铁是怎样炼成的》一书中有这么一段故事：一天晚上，保尔与他的几个朋友聚在一起闲聊，有一个人说习惯比人厉害，养成了就改不掉了。保尔说："人决不能让习惯支配，人应该支配习惯。"有人反驳他说，既然你知道抽烟有百害而无一利，为什么一直戒不掉？你不是在说大话吗？保尔觉得对方批评的对，于是把嘴上的烟卷拿下，捻碎了，然后说："要是一个人不能改掉坏习惯那就毫无价值，从此以后我决不会再抽烟了。"从此，保尔就把烟戒掉了。这说明要战胜自己、改掉自己的不良习惯是很困难的，但是，任何缺点，只要有毅力有决心，都是可以克服的。如果说承认错误需要的是勇气，那么改正错误则需要毅力。缺点错误和不良习惯一旦被认识到，就要果断并坚决地立即纠正，绝不动摇。瞻前顾后，错误和缺点永远改正不了。在职业生涯规划过程中，既要看到自己的长处、优点，也要客观地、全面地认识自己，弄清楚自己的缺点和不足，并且要有改正错误的决心和勇气。

3. 贯彻执行的毅力与决心

不论遇到了多大的挫折，陷入了多深的困境，都应当以百折不挠的意志力，以坚持不懈的决心和毅力，感动他人，感动自己，把自己锤炼成一个能做大事的人。职业生涯规划是人一生的计划，若缺乏贯彻始终的决心与克服困境的毅力，必定无法达成目标，要保持勇往直前的信心、积极向上的进取心。在平静之中饱含满腔热血，在平凡的工作中燃烧激情，在平常之中保持极强烈的责任感，开拓创新，兢兢业业做好自己的本职工作，实现人生目标。

4. 适时调整自己，虚心好学

在一个大学生的周围，无论同学、老师，还是毕业后的朋友、同事、上级,都有优点可以欣赏。培根说过,欣赏者心中有朝霞、露珠和常年盛开的花朵。虚怀若谷、心胸宽广的人,懂得如何去欣赏他人。以他人为镜找出自己的差距,从而不断提高自身的修养、能力和素质,需要一个人懂得欣赏他人。毛主席说过,谦虚使人进步,骄傲使人落后。虚心听取他人的经验和做法,接纳他们的意见和建议,只有这样才能让自己更加稳健成熟,得到身边人的帮助,更易出成绩;切莫固执己见,一意孤行。要顺利实现自己的职业生涯规划,就必须要有虚心向他人学习的态度。虚心,是一种能力。有些学生认为谦虚易导致自卑,这种认识是肤浅的,诚恳待人、虚心好学,才能把握好自己,才能树立良好形象,才能发现问题、探究问题、解决问题,走向成功。

5. 良好的人际关系

随着社会的发展,人际关系在社会交往中的作用越来越重要。很难想象,离开了与其他人的交往,离开了社会,一个人的生活将会变成什么样。人是社会的人,有人存在,就免不了与人交往。"一个人事业上的成功,85%要靠他的处世技巧和人际关系,15%靠他的专业技术。"相比于人的能力,他的社会性更能决定他的成败。过去那种"事不关己,高高挂起"、"两耳不闻窗外事,一心只读圣贤书"的思想已经成为严重阻碍人的自身发展及全面适应社会的障碍。就人生而言,仅靠个人微薄的力量取得成功是非常困难的。在一个人职业发展过程中,将会与各种各样的人物交往,真诚待人是人际交往得以延续和发展的保证,交往中要真诚待人。只有人与人之间以诚相待,才能相互理解、接纳、信任,才能融洽相处。人际交往中还要做到言行一致,尊重别人,相互信任,谦虚谨慎,文明礼貌,胸怀坦荡。

6. 善于利用社会资源

大学生要实现自己的职业生涯规划,可能会因家庭或个人资源的匮乏,会遇到各种各样的困难,而影响生涯规划决策的执行,甚至无力继续执行。此时,尽可能多地了解国家的大政方针,了解各地方政府和有关机构的相关政策,以便获得政策的支持。要善于观察和思考,学会借势,同时拓宽信息渠道,迅速捕捉和利用有效信息,获取信息、材料以及某些人力的支持,使自己达成既定目标。

第三节 职业生涯规划的准则与意义

一、职业生涯规划的准则

1. 择己所爱

兴趣是通向成功的捷径,也是最好的老师。很多调查显示,一个人成功的概率是与兴趣呈明显的正相关性的。在规划职业生涯时要注意择己所爱,考虑自己的特点并珍惜自己的兴趣,从事一项自己喜欢的工作。选择自己所喜欢的职业,职业本身就能给你一种满足感,职业生涯也会从此变得精彩纷呈。

2. 择己所长

分析自己的长处,并尽量避免选择冲突较多的优势行业。人不可能掌握所有的技能,而任何职业都要求从业者具备一定的能力条件,掌握一定的技能。因此在进行职业选择时,尽可能择己所长,这将有利于自身优势的发挥。

3. 择己所利

一个人谋求生存与发展的手段是从事一定的职业。因此在今后的择业过程中,个人幸福最大化、自己的预期收益应该是首要考虑因素。在由收入、社会地位、工作的成就感等因素所组成的函数中,明智的选择是找出其中的最佳值。

4. 择世所需

我们所处的现实社会的需求正不断地发生着变化,旧的需求随着新需求、新职业的产生而逐渐消失。所以,今后在设计职业生涯时,一定要充分地分析社会需求的发展方向,择世所需。其中目光长远尤为重要,要有能准确预测未来的行业发展方向的能力后再进行选择。

二、职业生涯规划的误区

1. 因小失大

许多人在面临职业生涯选择时，总是顾此失彼，瞻前顾后，犹豫不决，这个现象称为"艾尔维斯"干扰。托尼·罗宾斯总是喜欢提醒人们："想想大事，别把精力放在鸡毛蒜皮的小事上！"总是被"艾尔维斯"所干扰，就永远无法在职业生涯上有所建树，在其他许多重要方面也成不了什么大器。

2. 老板至上

成长时期建立的对父母及长辈那样的依赖感，在很多情况下，会不知不觉地从老板那里寻求类似的感觉。在某种程度认为能为你做出最佳抉择的人只有他。这种现象值得注意，因为这并不罕见。如果想与别人和睦相处，并渴望得到别人的青睐，习惯于取悦他人，就更容易染上这种综合征。

3. 习惯拿别人的意见当拐杖

喜剧明星范尼·布莱斯曾说过这样一段话："你就是你，不是别人眼中的你。拿别人的意见当拐杖，如果你习惯了如此，那么当某一天这根拐杖消失了，你该怎么办呢？"父母的支配和管教在当下许多成年人那里仍旧没有摆脱，甚至于某些童年时建立起来的"家规"的约束仍然包括在内。这无疑将限制其对世界和对自己的认识。许多人成年后，受早期负面或限制性的"家规"的影响，使其在不少方面仍无法依靠自己的力量做出抉择。

4. 自我局限

人们总是习惯于低估自己的能力，结果往往会弄假成真，使自己的能力得不到发挥。心理学家罗洛·梅对此总结道："许多人觉得，自己的力量微不足道，在命运面前根本微不足道，打破现有的框架需要非凡的勇气，因而许多人最终还是选择了更为安逸地安于现状，这样似乎更舒适些。所以，'勇敢'的反义词已不仅仅是'怯懦'，在当今社会，有时还会是'因循守旧'。"

三、职业生涯规划的意义

小王是一个二年级的学生。刚入校时，考研是他对自己很明确的目标，但这主要原因是来自家人的意见。现在大学生就业难，必须继续提高学历，才能找到称心的好工作，父母多次用这些话告诫他。随着校园学习生活的深入，小王在课余时间经常深入生产一线，在实践活动中动手能力得到锻炼和提高，乐在其中并小有成绩，还参加了专业社团。渐渐地，他对自己原来的想法产生了质疑，开始希望四年级实习结束后就业。但是家人对他继续读书的希望让小王内心充满了矛盾。

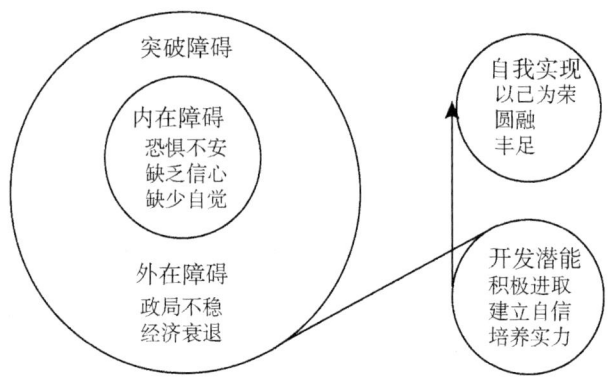

图1-3-1 生涯规划的三个积极目的

米歇尔罗兹指出：自我实现、开发潜能和突破障碍，是生涯规划的三个积极目的。如图1-3-1所示。在生涯发展过程中，有的学生甚至不去设立理想目标。还有很多学生认为理想工作是不可能实现的，为此对它的追求充满疑惑。内在障碍和外在障碍，是阻碍学生对自己未来人生进行规划的两种原因。

一个人对自己不了解、不自信，往往是造成内在障碍的原因。例如，有的学生总是感觉自己这也不好，那也不行，爱拿自己的短处与别人的长处比较，影响在面试环节的表现，进而影响自己找工作的信心。较低的自我评价导致的不自信进而影响找工作，这种情况说明没有真正了解自己、接纳自己。

一个人所处的环境是外在障碍的来源，主要指大的社会环境，如经济发展的状况、社会秩序、行业发展现状与趋势、政局的稳定状况等。容易受外界因素的影响的人，多半没有明确生涯目标。例如，两个大学生，一个有生涯目标，一个没有生涯目标。两人的家庭背景相同，毕业找工作时都要面临就业难的大环境。客观上扩招之后就业竞争加剧，对于没有生涯目标的学生来说更容易抱怨社会，认为没有赶上天之骄子的好时代，因为看不到希望。他很难从内心里积极应对困境，往往会把找不到好工作归结为社会等一些外在原因。而相比于没有目标的人，对于那些有明确的生涯目标的学生而言，其更容易积极面对并不理想的工作并努力从中获取资源，培养自己的能力，将其当成通往理想目标的道路。对于毕业时人生起跑线相同的两位大学生来说，可能会因为生涯目标的有无而导致人生态度的不同：一个感到被环境左右，怨天尤人，随波逐流；另一个则是充满力量，积极进取，勇于克服困难。

职业生涯规划是一个过程。职业规划是经营未来，而不是应变之策。职业生涯规划的功能就是，为生涯设定目标，并找到将其达成所需要的方法。一份合理的职业规划有利于明确自己的人生目标，而目标可以为人生带来意义与希望。目标的制定在职业生涯的规划过程中，是一个探索过程，并且该过程能够帮助人理解生命的价值。

美国哈佛大学曾对一群年轻人做过一个长达25年的跟踪调查，这群人的环境、学历、智力等客观条件都相差无几，调查的内容则为规划对人生的影响，结果发现：

毕业时有清晰而长远目标的人只占总人数的3%，有清晰但比较短期目标的人占到10%，而接近60%的人目标模糊，剩下27%的人没有人生目标。20多年后的跟踪调查显示：

3%有清晰且长期目标的人，25年后，他们成了社会各界的顶尖人士，他们当中不乏行业领袖、创业者以及社会精英。这与他们25年来朝着同一个方向不懈努力与付出密不可分。

10%的人有清晰的短期目标，他们成了各行各业的专业人士，如高级主管、工程师、律师、医生等，这些人的生活处于社会的中上层。不断完成短期目标。生活状态步步上升，是他们成功的共同特点。

对于6成目标模糊的人，他们几乎没有什么特别的成绩，仅能安稳地工作与生活。

而生活在社会最底层的人，几乎都是剩下的27%从来都没有目标的人群。他们的生活几乎都不太如意，常常失业，需要社会的救济，并且常常抱怨他人，抱怨社会。

对于类似的调查研究，美国的耶鲁大学也曾做过，通过调查他们发现：对于3%有长期目标的毕业生来说，20年后他们挣到的钱比20年前97%没有长期目标的毕业生挣的钱的总和还要多。通过这项调查，我们可以看到目标的有无，将人分为了大多数的平庸之辈和极少数的卓越精英，前者随波逐流，后者则掌握了自己的命运，目标就是他们的分水岭。

职业生涯往往在一个人有限的生命中占有绝对重要的位置。调查显示，大多数人职业生涯用的时间占可利用社会活动时间的71%~92%。对于将要伴随一个人大半生的职业生涯活动来说，实现人生的价值需要拥有成功的职业生涯。会收获什么样的人生，或许会由做出了什么样的规划来决定。职业生涯规划对一个人有巨大的导向性作用，可以给人们带来希望，可以帮助人们设立目标，从而突破生涯发展中的内外障碍，最终实现幸福完整的人生。

（一）有利于确定职业发展目标

自我分析是职业生涯规划的要求。想要了解自己，认识自己，估计自己的能力，发现自己的兴趣，确定自己的性格，找出自己的特长，判断自己的情绪，评价自己的智慧，明确自己的优势，衡量自己与别人的差距，必须要通过客观的自我分析。以此为基础确定一条符合自己兴趣与特长的生涯路线，设定切实可行的专业发展目标，并制订规划，使之能够充分发挥自己的才能，以实现职业发展目标。

某师范大学中文系本科毕业生张玮，性格比较内向，虽然不善于口头表达和人际交往，却有较强的中文写作能力，现在担任一所中学的语文教师。在近两年的教学过程中，她发现自己不具备教师应有的管理学生能力，虽然具备相应的资格证书，但感觉自己并不适合担任教师一职。由于课堂上学生的积极性得不到调动，所带班级成绩不理想，她自己觉得很苦恼，学校对她的工作表现也不是很满意。转行从事其他能够发挥自己文字特长的工作是她现在的想法，可是具体转向哪一个行业或者岗位，还需要慎重的考虑才能决定。

上面的案例说明：大学生要及早了解自己的特长，确立自己的目标，进行合理的职业生涯规划，选择适合自己的行业和岗位。人生有限，必须尽早选准方向。无论在校还是即将毕业离校,作为大学生,选择合适的职业发展方向很重要。

(二) 有利于引导个人潜能的发挥

在相同的环境里,要成就什么样的人生,取得多大的成就,常常取决于他是否有明确的生活目标。这正如航船要确定自己的航向,飞机要确定自己的目的地一样。人生目标可以高一点,也可以低一点,但是决不能没有目标。这是因为,人具有巨大的潜能。研究发现,普通人只开发了他蕴藏能力的10%。这就像一座冰山,浮在海面上的部分就是显性能力,而大量潜在的能力则是在海水下面。潜力的发挥需要激发,产生认同的目标则是激发的重要条件。

职业生涯的规划正是通过认识环境和自我,确立可行的发展目标并为这个目标付出实际行动来达成的。在实现目标的过程中,通过目标的引导、暗示和激励作用,通过受到不断完成的阶段性成功的鼓舞,不断地强化自己的心态,能够激发自己未曾发现的潜能,克服认为无法克服的困难,成功到达胜利彼岸。在这个过程中,我们会体会到成长的喜悦。当这个过程完成后,我们会为自己骄傲、自豪。

(三) 可以提升应对竞争的能力

当今社会,各行各业充满着激烈的竞争,职业活动的竞争非常突出。物竞天择,适者生存。要想在这场竞争中脱颖而出,并使自己立于不败之地,就必须规划好自己的职业生涯。只有这样,才能做到心中有数,不打无准备之仗。

然而不少大学毕业生总是拿着简历与求职书到处乱跑,总想碰运气来找到好工作,而不是首先规划好自己的职业生涯。这样做的结果往往是既找不到称心的工作,到头来又白白浪费了大量的资金、精力与时间,这样的后果是由没有充分认识到规划职业生涯的重要性造成的。这是一种错误的观念,实际上,规划职业生涯是在未雨绸缪。要理解一句话:磨刀不误砍柴工。只有有了清晰的目标,求职活动在付诸实践时才能收到良好的效果。

(四) 为未来的职业成功打好基础

是否有适合自己的职业生涯规划,决定了大学生的大学生活形态。学生在校的生活是一种高度自主的生活，是一种多样化的生活。志愿者、各种竞赛、参加各种社团、考取职业证书、自学考试等，都是大学生活中多种多样的发展机会，要选择哪些，不选择哪些，都要自己来取舍、决定。如果不清楚自己将来想要得到什么，如果没有明确的努力方向和发展目标，很可能将自己的精力和时间都浪费在无意义的小事上。到头来哪一方面都做不好。一个人选择什么样的生活方式，在人生舞台上扮演什么样的角色，大部分要靠自己来把握。

职业生涯规划对当前和未来有很强的引导性。要想未来拥有成功的职业生涯，体验到爱与被爱的幸福，实现人生的价值，受人尊敬、享受美和成就感的快乐，就应该按照当初的规划，有计划地实施，才能为今后人生的发展之路制造机会。

（五）有利于促成大学生实现自身价值

每一个人，在面对人生的大舞台时，都渴望实现自身的价值。追求成功是人的本性。通过从事一份职业，我们能够拥有一个安全舒适的屋子以居住；通过从事一份职业，我们获得赖以生存的水、食物等物质；通过从事一份职业，我们获得人们的尊敬、认可与友情，享受美好的生活；通过从事一份职业，我们能够发挥自身的潜能，体现人生的价值，体验到幸福的成就感。

然而，并不是有一份工作，就能保证我们实现所有这些需求。职业生涯的进展状况会决定一个人高层次的需求能否实现。能感受到人生成功的快乐的人，肯定不会是一个终日浑浑噩噩、抱有"作一天和尚撞一天钟"心态的人。

一个人生命、生活的重要组成部分之一就是职业生涯，选择了一份职业就是选择了一种社会角色，就是选择了一种生活方式，进而选择了一种人生。

第二章　大学生自我探索

你能认识自己吗？每当谈到这个问题，人们通常会说："别人不了解我，我还不了解自己么？"而法国诗人拉封丹却说："有的人了解全世界，但不懂自己。"在古希腊人眼中，"能认识自己"是人类最高的智慧。一个人在自己的生活经历中，对自我认识的水平和肯定自我的能力在很大程度上将决定他的前程和命运。

那么，怎样才算是正确认识自己呢？一般而言，我们可以通过一些测量工具来对我们的外在，如身高、体重产生正确的认识。而一个人要想对自身存在价值及内在心理方面有正确认识，对自己的个性、兴趣、能力、价值观等做出恰当客观的评价，在完全了解自己的基础上还能接受自己，则要经历一个漫长的自我探索的过程。

第一节　个性与兴趣探索

性格是职业生涯探索中的一个重要部分。每个人都有与众不同的特质，罗曼·罗兰说过："每个人都会有自己隐藏的精华部分，这种隐藏和任何别人的精华都会有所不同，它会让人有属于自己独特的气味。"如果我们能够将性格和职业两者相互匹配起来，那么，我们将有可能成为更加高效的工作者。

一、个性探索

（一）性格与职业生涯

1. 性格的定义

所谓的性格，指的是人对现实的态度以及相应的行为方式中相对稳定的并且具有核心价值的心理特征，同时这也是一种和社会环境最为密切的人格特征。

性格表现了人们对现实世界以及周围其他人的认知态度，并且能够很直观地表现在人的行为举止中。对于自己遇到的生活中的形形色色的人或事儿，我们都会采取相对应的态度和言行。正是这种态度和言行，直接表现出你的性格特点。

2. 性格与职业生涯发展的关系

当我们用右手写字时，常常感到很顺手，写得速度很快，字迹也清晰、整洁、流畅，写的过程中看起来也很有信心。但是当我们换作不常用的左手签名时，就会感到不习惯也不自然，签名时也感觉吃力，不得不集中注意力才行，字也写得比较别扭、难看，这都是习惯导致的。

每个人都不是全能的。由于性格的不同和个人接受的教育和培训都是有针对性的，我们都有自己擅长和不擅长的事情。因此，就存在环境是否适合自己的问题。如果环境适合自己，我们就会做事得心应手，因为在这个环境中，我们在用自己的优势做自己擅长的事情，因此我们很有信心，即使有困难，我们也会迎难而上，去解决它，而不是逃避或者否定自己。而如果做着自己不适合或不擅长的事情，就会感到不开心，而且对自己做好这个工作没有信心，这样一来，就很难做好这个工作。性格还会影响到我们的行为方式，对于个人的能力形成具有决定性的作用，进而影响到职业的选择和成就。

如果我们能够对自己有深刻的认识，了解自己的性格，知道自己喜欢和适合做什么，就可以对自己的职业生涯做出正确的规划，选择适合自己的职业。

（二）探索自己的性格

每个人的性格都有自己的特质。根据心理学家的研究，我们可以借助心理学上的测评工具来了解自己的性格特质。

1. MBTI 对性格类型偏好的分类

MBTI 用四个维度偏好二分法来评估一个人的类型偏好，每一个维度偏好二分法均由两极组成（表 2-1-1）。

表 2-1-1 MBTI 维度详解

能量倾向：E-I 维度 你更喜欢集中自己的注意力于何处，你获得活力的源头是哪里	外倾 extraversion（E） 获得活力的方式是与人交往，喜欢将注意力集中于外部世界的人和事： ·通过谈话形成自己的意见； ·用实际操作或讨论的方式能学得更好； ·兴趣广泛； ·喜欢与人交往和沟通，善于表达； ·先行动，后思考； ·在工作和人际关系中都很积极主动	内倾 introversion（I） 通过对思想、情感和回忆的反思获取活力，注意力集中于自己的内心世界： ·更加关注自己的内心世界； ·更愿意用书面方式沟通； ·通过思考形成自己的意见； ·兴趣专注； ·安静而显得内向； ·先思考，后行动； ·当情感或事件对他们具有重要意义时会采取主动
接受信息：S-N 维度 你如何获取信息	感觉 sensing（S） 通过听、说、看等用自己的五官来获取信息，喜欢收集现实的已经存在的信息，敏锐地观察周围发生的事情： ·着眼于现实和实际； ·具体、现实； ·在实际运用中理解抽象的理论和思维； ·经过严密仔细的推理得出结论； ·相信自己的经验	直觉 intuition（N） 通过想象、无意识等方式获取信息，也就是直觉；把眼光放在事物的完整面貌上，善于观察事物之间的联系和发现更多可能性： ·富有创造力和想象力； ·关注对未来的可能； ·关注数据所代表的模式和意义； ·靠直觉得出结论； ·希望在应用理论之前对其进行澄清； ·相信自己的灵感
处理信息：T-F 维度 你是如何做决定的	思考 thinking（T） 做决定的方式是分析某一行动或选择的逻辑后果，合理性地将自己分离出来，对事物做出客观全面的分析，希望找出一个能应用于所有相似情境的原则和标准： ·运用因果推理； ·爱讲理； ·寻求一个合乎情理的客观标准； ·好分析的； ·显得没有人情味； ·公平的定义是每个人都能得到平等的待遇	情感 feeling（F） 喜欢考虑对自己和他人来说什么才是重要的；会将自己放在别人的位置试图理解别人的感受，在此基础上再根据自己的价值判断来做决定；尊重每个人的独立性和自主性；力图创造出和谐的氛围： ·善于体贴他人、会将他人的感受视为自己的； ·在做决定时会衡量和考虑决定对他人产生的影响； ·受个人价值观的引导； ·喜欢营造和谐的气氛，向往积极的人际关系； ·心肠软； ·公平意味着每个人都被作为独特的个体来对待

续表

| 行动方式：
J-P维度
你如何与外部世界打交道 | 判断 judging（J）
希望自己的生活是有计划，有秩序的，喜欢将事情安排的井井有条；会给需要做的事情做一个规划和计划，然后按照计划和日程来做事；完成一个工作后再接着完成另外一个工作，生活按部就班；
·对自己生活有良好的管理；
·有计划；
·爱制定长、短期计划；
·按部就班；
·喜欢把事情落实敲定；
·力图避免最后一分钟才做决定或完成任务的压力 | 知觉 perceiving（P）
喜欢以一种自发而灵活的生活方式生活，比起控制生活，更愿意去体验和理解它；详细的规划和计划会使他们感到被束缚；喜欢接受新事物和新信息；善于对自己进行调节来适应场合的需要，并从中获取能量：
·灵活；
·开放；
·随意；
·有较强的适应力，改变方向；
·不喜欢确定的事物，希望事物有改变的可能性，并对之充满期待；
·做事情做到最后一分钟的压力会让他们精力充沛 |

2. 性格维度解释

外倾：外倾向者主要定位于外部世界，倾向集中在人和事上，具备容易沟通、喜好交际、能够快速适应环境的特点；喜欢参加活动，享受自己成为人群中焦点的感觉。

内倾：内倾向者主要定位于内部世界，他们倾向于把判断和知觉集中于观念和思想上，不喜欢成为他人视觉注意的中心；一般来说，比外向者要沉默一些。

感觉：感觉型的人一般都会更加注重收集信息的方式来了解外在的世界，这种类型的人通常善于观察身边的事物，同时对于事物的细节有高度的敏感性，对于目前所发生的事情，会倾注更多的心思。

直觉：这种类型的人更加注重关注外界环境的整体变化，重点也会注意事物当前的状况和今后的发展。直觉型的人一般在思维上会有一定的跳跃性，反应也很敏捷，热衷追求生活中经常变化的事物。信赖自己的灵感和预感。喜欢对事物做预测，并总有改变事物的想法。

思考：思考型的人喜欢按照逻辑对事物的本质和发展进行推理，分析问题时有条理、客观、理性。

情感：情感型的人决策时会衡量问题和相对价值及利益。他们依赖个人价值观或社会价值观的理解来对事物进行判断。在做决定时照顾他人的感受。富有同情心，渴望和谐。

判断：这类人喜欢井然有序的感觉。他们会采取办法对生活进行管理和控制，他们善于组织、有决断性、做事有目的性。在行动前只是收集必要的信息，在必要的信息收集后，就直接行动，而不再费时间和精力收集新的信息。

知觉：这类人有着宽松的生活方式，一般都比较灵活多变，有很强的适应能力。热爱自由，不喜欢规则和约束，希望过随遇而安的生活。

在MBTI测评结果中，一个人在每个维度上都只能是一种偏好，个体无法在一个维度上同时具备两个相互存在矛盾的特征。然而这并不代表一个内倾的人就不具备任何外倾的特征，就像并不是一个习惯用右手的人，左手就没有丝毫用处。很多时候需要左右手配合才能做好一些事。

特别提示：在这个测试中得到一个人是外倾的结论，并不代表这个人在任何状态下都是外倾的，而且是在多数的情况之下，这个人的反应是令人捉摸不定的，有时候是内倾的，但有的时候也是外倾的。在一些特定的社会环境下，甚至会出现以内倾为主的反应。

（三）性格类型与职业匹配

为了能够更加方便理解，我们对各级维度都会进行单独的介绍，但是这并不能代表我们就可以仅仅从单个的维度去理解人的性格。因为我们知道，人的性格是复杂多变的，各个维度之间都存在联系。在MBTI中，四个维度的两级正好组合成16种性格类型（表2-1-2）。

表2-1-2　MBTI 16种性格类型

ISTJ	ISFJ	INFJ	INTJ
沉静，认真；注重事实，讲求实际，做事有始有终，能够不受外界打扰地坚定不移地把该做的事情完成；容易取得他人信赖而取得成功；做事有计划，井井有条；注重传统和忠诚	沉静友善，个性谨慎并富有责任感；能够坚定不移地承担责任；不怕辛苦，会将自己该做的事情，按时保质地完成；非常细心，会替人着想；在与人交往中很用心，会记住在乎的人的微小细节，会给人带来惊喜和感动；喜欢在和谐的家庭环境和工作环境中生活和工作	探索人际关系、意念和物质拥有欲的意义以及它们之间存在的关系；具有很强的对他人的洞察力；希望了解激发人们推动力的所在，能够对自己的价值观念进行履行；在谋取大众最佳利益方面有清晰的理念	头脑里充满创意和想法，有极大的动力去实现自己的想法和理念；具有独立自主和怀疑精神；能够通过事物发展的规律来确定未来发展的方向；在作出承诺后，会有计划地展开工作；在工作中会表现出高效的水准

续表

ISTP	ISFP	INFP	INTP
容忍、有弹性；平常的表现是冷静的观察者，但当问题出现时，会迅速分析问题，并作出行动来解决问题；善于分析和总结，能在大量资料中找出自己需要的；对事物的因果关系十分重视，同时重视效率，能够把事物理性地组织起来	沉静、友善，敏感和仁慈；对周围发生的事情始终保持欣赏的态度和眼光；需要拥有自己的独立的空间，也喜欢待在属于自己的空间里做自己的事情；比较依赖与自己喜欢的人，对于和自己没有共同观点的人，也不会去改变别人的观点	理想主义者，坚守自己的价值观，工作与自己内在的价值观相配合是十分重要的；能够快速判断事物发生或发展的可能性；对自身理念的实践进程较快；希望了解别人、协助别人发展潜能；有弹性，适应力强；对于与自己价值观不抵触的他人具有很大的包容心	凡是感兴趣的事都要探索，并给出一个合理的解释；因此，在他们感兴趣的范围内能够具有高于常人的专注力，进而使问题得到圆满的解决；与社交活动相比，更加偏爱理念思维；沉静、满足，有弹性，适应能力强；有怀疑精神，常常善于分析，有时喜欢批评
ESTP	**ESFP**	**ENFP**	**ENTP**
有弹性，容忍，讲求实际，看重及时的效益；一旦出现问题，就会积极采取行动解决；讨厌理论和概念的解释，认为其不够实际；注意力放在"此刻"，会主动与人交往，重视享受物质带来的快感	外向，友善，包容；热爱生命、热爱人，也追求物质享受；在与人共事时会感到快乐；富于灵活性和积极性，有很强的适应性，能够快速融入新环境，结交新朋友；在工作中会专注现实，使工作富有趣味性	热情而热心，富于想象力；认为生活充满各种可能性；会支持和欣赏别人，也需要别人的肯定；即兴而富有弹性，有较强的临场表现能力和语言表达能力	思维敏捷，能激励他人，有很高的警觉性，勇于发言；不喜欢死板的日常例行公事的事务，能够对诸多新事物灵活处理；能随机应变地去应付新的和富于挑战性的问题。善于引出概念上可能发生的问题，并策略性地加以分析
ESTJ	**ESFJ**	**ENFJ**	**ENTJ**
注重现实和事实；能够果断地做出决定；善于对计划工作进行合理安排，统筹协调以达到目的；对日常例行工作的细节也会有所注意；会跟着逻辑标准做事，在执行计划时有时会使用强硬的态度	尽责、善于合作、有爱心；喜欢和谐的环境，因此，会尽力营造和谐的环境；在与人相处的过程中，会关注他人的需要并尽力去满足他们；在帮助别人的同时希望得到他们的赞赏	温情，有同情心，反应敏捷、有责任感；关注别人的动机、情绪和需要；能够发现他人潜质，并帮助其开发和发挥潜能；对别人的任何评价都能很快地做出回应；具备领导才能，能够启发人，对他人有所帮助	果断、坦率、乐于作为领导者；能够轻易地发现不合理或缺乏效率的政策，并采取一定的措施来解决问题；喜欢制定目标和长远的计划；喜欢追求知识，并把知识向别人传授；能够有力地提出自己的主张

知道自己的 MBTI 类型后，我们就对自己的职业倾向有所了解了。此外，有研究数据表明，S-N、T-F 两种维度的组合 ST、SF、NF、NT 与职业的选择更为相关。

以上 16 种 MBTI 类型各有不同的职业倾向。而这些职业倾向的分类和描述并不十分精准、细致。我们在参考它们并理解和选择自己的职业倾向时，要关注这一类别工作的特点，以及具体公司、具体岗位的要求，而不要笼统地指定某一岗位，而不结合具体情况。要灵活运用这一理论来帮助自己恰当地选择工作。下面来看看各 MBTI 类型的人适合的职业是什么样的。

ISTJ 类型适合的职业主要有管理者、行政管理、会计、执法者等，这类职业的共同特征是利用个体的经验和对细节的推敲来完成任务。

ISFJ 类型适合的职业主要有教育、宗教服务、健康护理等，这类职业的主要特征是可用自己的经验帮助他人。

INFJ 类型的人适合宗教、咨询服务、艺术、教学等职业，这类职业共同特征是工作能够促进他人智力、情感或精神的发展。

INIJ 类型适合的职业是科学技术领域、计算机、法律等，这类职业主要特征是运用个体的智力、技术和知识，去思考、分析和完成任务。

ISTP 类型适合的职业主要有熟练工种、执法者、农业、军人、技术领域等，这类职业主要特征是分析数据和动手操作。

ISFP 类型适合的职业主要有健康护理、商业、执法者等，这类职业的特征是个体运用其友善和体贴服务他人。

INFP 类型适合的职业主要包括艺术、写作、咨询服务等，这类职业与其价值观相符，且可以运用其创造力。

INTP 类型适合在科学或技术领域工作，这类职业可以让他们运用自己的知识，独立、客观地分析问题。

ESTP 类型适合与市场、熟练工种、商业、应用技术相关的职业，这类职业可以让他们利用行动关注必要的细节。

ESFP 类型适合的职业主要有儿童保育、教学或教导、健康护理（包括生理、心理）、熟练工种、教练等，这类职业能够让他们充分利用自己的体贴和同情心关怀和帮助他人，从而自身也得到满足。

ENFP 类型适合与艺术、咨询服务（包括个人、社会、心理等）、宗教、教学/教导相关的职业,这类职业使他们可以利用自己的知识与人交流去帮助和促进别人成长。

ENTP 类型适合与艺术、科学、技术相关的职业,也适合做管理者。这类职业可以让他们在工作中不断遇到新的挑战。

ESTJ 类型适合的职业主要有管理者、执法者、行政管理等,在这些职业中,他们可以运用自己的组织能力和对事实的推理能力。

ESFJ 类型适合与教育、宗教、健康护理等相关的职业,这些职业可以运用个人关怀来为社会提供服务,体现他们自身价值。

ENFJ 类型适合与艺术、宗教、教学等相关的职业,这些职业让他们可以帮助别人成长的职业,其中包括情感、智力和精神方面。

ENTJ 类型适合的职业主要有管理者、领导者等,这些职业能够使他们的实际分析能力、计划和组织能力得到应用。

从这 16 种性格类型的分析中我们可以看到,各个类型都各有特色,也都有适合的职业。尽管表中各种性格类型都有相对应的职业,且分类较为细致,然而,这个世界上并不存在与某种性格完美契合的职业。因此,在选择职业和工作的过程中,要懂得用己所长,整合资源。

二、兴趣探索

早在 2 000 多年前,孔子就曾说过:"知之者不如好之者,好之者不如乐之者。"从这里就可以看出兴趣的重要性。兴趣往往是大学生在生活、学习、工作中感到愉快、投入、发展、成就、自信、满足、自我实现等一系列良性循环的起点。因此,对兴趣的探索是大学生在自我探索中必须要做的。兴趣既然是一种"心理倾向",就表明它是有一定稳定性的,不是一时心血来潮。兴趣的形成在一定程度受到先天生理基础的影响,然而其最大的影响因素还是个人后天的生活环境和实践经历。大学生在对自己的职业生涯进行设计时,要充分挖掘自己的兴趣,把"选你所爱"与"爱你所选"结合起来。

(一)兴趣与职业生涯发展的关系

1. 兴趣是什么

兴趣,就是对事物喜好或关切的情绪。心理学对兴趣的定义是个人力求认识、探究某种活动的心理倾向：它以特定的事物人或活动为对象，并产生积极的情绪。

需要是兴趣产生和发展的基础，只有符合人们心理和生理需要的事物才能引发人们的兴趣，产生认识事物的内驱力。兴趣是在需要的基础上产生的，也是在需要的基础上发展的。生理需要使人对某种对象所产生的兴趣是短暂的，如饥饿、口渴使人对食物、水产生的兴趣，生理需要的兴趣一旦得到满足，就会立即消失。然而人的精神需要却是持久、稳定，且不断增长的，例如，对人际交往、文学、艺术的兴趣等，则是长期、终生、且不断追求的。这种持续、长久的需求满足，才是我们所说的真正意义上的兴趣。

2. 兴趣与职业生涯发展的关系

兴趣对人的职业生涯发展具有重要的意义。凡是有兴趣的事情，可以让人在长久的坚持中获得乐趣，废寝忘食，走向成功。

众多学者、专家、名人的切身感受，也印证了兴趣与职业生涯发展的关系。爱因斯坦曾说过："兴趣是最好的老师。"获得诺贝尔物理奖的丁肇中说过：兴趣比天才重要。由此可见，兴趣在人们成长成才过程中具有难以估量的价值。

我们知道，兴趣是一种带有强烈情感色彩的认识倾向，兴趣通常会以认识和探索事物的特征为基础，以促使人们去认识和探索这个世界为重要动机。兴趣是最好的老师，只有当你对某种事物感兴趣之后，你才有可能会自觉地去了解和认知它，兴趣也是每个人生活和学习中最为活跃的因素。而培养人们具有积极的学习兴趣、满足其强烈的求知欲，对于人的事业成就是非常重要的。

1）兴趣影响职业定位和职业选择。职业生涯发展的最佳状态是个体兴趣与职业特点相匹配，尽最大可能做到兴趣与职业特点相匹配是我们的目标。

2）兴趣能够开发潜力，激发创造力。据调查，如果所从事的工作与个人兴趣是一致的，个体在工作中就能发挥其全部才能的80%～90%，且能够长时间保持高效率的工作；而如果从事不是自己感兴趣的工作，则最多只能发挥其全部才能的20%～30%，工作的过程中还很容易感到疲倦和劳累。可见，在工作中兴趣对工作绩效的影响是十分重大的。

3）兴趣能增强职业适应性和稳定性。一个人从事自己感兴趣的工作，就能够在工作中体会到更多的愉悦感、价值感和满足感。爱迪生曾说："因为工作是快乐的，所以人生是快乐的。"人们在感兴趣的工作中获得乐趣，感受到自我价值。因此，兴趣能够使人们有效地适应工作，提升人们的工作满意度。

（二）霍兰德的兴趣类型理论

1. 兴趣类型

著名的生涯辅导理论家霍兰德（Holland）认为：

1）当人在进行自己职业选择的时候，通常我们可以根据他所选择的职业，来进一步关注他所表现的人格。因为某种职业吸引了他，肯定会有这样一种情况发生，那就是本人的性格特点和该职业所表现的特质在某种意义上来说会有一定的同构性。

2）大部分人的职业兴趣可以归纳为六种类型：实用型（简称R）、研究型（简称I）、艺术型（简称A）、社会型（简称S）、企业型（简称E）和事务型（简称C）。

3）个人一般会对多种职业产生兴趣，而不是集中在少数类别上。

因此，通常会用最强的三种兴趣的字母代码来表示一个人的兴趣。这个代码就称为"霍兰德代码"，霍兰德代码能够对个人兴趣较为全面的表示（表2-1-3）。

表2-1-3 霍兰德职业兴趣类型

类型	喜欢的活动	重视	职业环境要求	典型职业
实用型R	喜欢操作机器和进行户外活动，用手、工具、机器制造和修理东西，愿意从事事务性的工作、体力活动	个性诚实，有常识，热爱具体实际的事物	喜欢与"事物"一起工作，而不喜欢与人打交道；使用手或机械技能对工具、物体、机器、动物等进行操作	园艺师、汽车修理工、木匠、兽医、足球教练员、工程师、军官
研究型I	喜欢独立工作；喜欢通过各种途径了解科学问题，对未知的挑战充满兴趣；喜欢探索事物，研究需要思考和分析的抽象问题	知识，学习，成就，独立	能运用自身智慧独立工作，分析研究问题、运用复杂和抽象的思考创造性地解决问题的能力；做事谨慎、思维缜密，有一定的写作能力	生物学家、心理学家、化学家、实验室工作人员、大学教授、工程设计师

续表

类型	喜欢的活动	重视	职业环境要求	典型职业
艺术型A	热爱音乐、表演、文学和艺术等，喜欢自我表达，具有变化性和创造性的工作，看重作品的创意	自我表达，有创意，有想法，自由	表达情感的能力，创造力，以充满个性的方式来自我表现，自由、开放	漫画家、导演、作家、室内装潢设计师、音乐家、摄影师、编辑、厨师
社会型S	享受与人共事的过程，会给别人关怀，对需要帮助的人会毫不犹豫地伸出援手	公正，平等，理想，理解，服务社会与他人	人际交往能力，对他人表现出精神上的关爱的能力，教导、医治、帮助他人等方面的技能，愿意担负社会责任	心理咨询师、教师、社会工作者、牧师、护士
企业型E	喜欢对别人进行领导和支配，为个人或组织的目标，劝说和督导他人，推销观念、产品，追求世俗意义上的成功	世俗意义上的成功，忠诚，责任，冒险精神	说服与支配他人的能力，领导能力，勇于承担风险	营销商、律师、电视制片人、市场部经理、保险代理、政治运动领袖
事务型C	愿意在一个大的机构中处于从属地位，喜欢固定、有秩序的工作或活动；希望确切地知道工作的要求和标准；对数据、文字和事物进行细致有序的系统处理以达到特定的标准	有条理、准确、节俭、盈利	听取并遵从指示的能力，有计划，文书技巧，组织能力，有组织，按时完成工作并达到严格的标准的能力	税务员和计算机操作员、会计师、文字编辑、簿记员、银行家

2. 职业环境的类型

霍兰德将个体兴趣划分为六种类型，同时他也把职业环境类型分为六种。关于职业环境类型，霍兰德有以下观点：第一，同一职业群体内的人有相似的人格特质，具有特定的价值观念、态度倾向和行为模式，因而产生特定的职业环境。第二，工作环境也可分为六种类型，且其分类与兴趣类型的分类一致。第三，具体职业通常也采用上述三个字母代码的方式来描述。但由于国情不同，我们可仅将霍兰德的分类作为参考。

3. 六种类型之间的关系

霍兰德用六角形模型来解释六种职业类型之间的关系（图2-1-1）。

在六角形模型之中,两种模型之间的距离与其相似度呈现正比关系,距离越近,两者的人格特质和职业环境就越相似。这个模型可以帮助我们评估兴趣类型与职业环境类型之间的适配性。

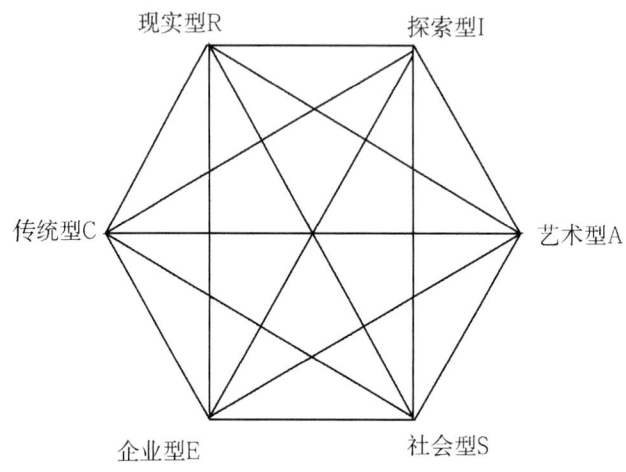

图 2-1-1　霍兰德六角形模型

(三) 对自我兴趣的探索

1. 自我兴趣探索练习

如何知道自己的兴趣类型,下面一些活动能够对你了解自我兴趣起到帮助作用。请在仔细阅读练习的指导语后,按要求来完成整个过程,并记录下结果,日后选择职业时将是很好的参考。

如果让你在以下几个岛屿中选择一个至少生活半年,你会选择哪些?可按照喜欢程度选出三个(表2-1-4)。

表 2-1-4　六个可供选择的岛屿及其特征

A 岛	I 岛	C 岛
岛上有音乐厅、美术馆,具有浓郁的艺术文化气息;而且,在这里还可以感受到当地民族的音乐、舞蹈和绘画	岛上人很少,建筑物多处在偏僻的角落里,有着幽静空旷的环境,是夜观天象的好地方;岛上的建筑多为科学博物馆、科学图书馆等;人们爱好冥想,喜欢沉思,追求内心的丰满和宁静	现代、秩序井然的岛屿,岛上都是现代化建筑,有着完善的地政管理、户政管理以及警容管理;岛上崇尚规则,岛民个性冷静保守,处事都按照一定的规则,喜欢对自己的生活做出规划

续表

R岛	S岛	E岛
岛上保持着良好的自然生态,有很多热带植物,人们过着没有机械的原始生活,水果蔬菜都是自己种植,家具和各种工具也都是手工打造	岛上居民性格温和,对人友善,社交网络联系密切,人与人之间互相帮助,充满温情;此外,这也是一个充满人文气息的岛屿,随处可以听得到美妙的弦乐和歌曲	岛上的居民善于贸易和企业经营,也善于与人沟通和交流,性格热情豪爽;岛上经济繁荣,处处都能看到俱乐部、高尔夫球场、高级饭店等;来往者大多数都是经理人、企业家、政治家等

结果分析:六个岛屿代表着六种典型的职业兴趣类型,而在这其中,第一个是主要兴趣,第二、三个是辅助兴趣。将自己选择的岛屿的代码集合在一起,从而形成一组编码,按照霍兰德人格类型理论,找到相匹配的职业,作为自己职业选择的参考。

需要注意的是,由于霍兰德理论比较复杂,初学者对霍兰德类型的掌握不深入,再加上个人可能缺乏自我认识,可能会把社会期望考虑在内,从而判断出的职业兴趣类型不够准确。考虑到这些因素,大学生最好通过专业的职业兴趣测试来加以确认。

2. 职业兴趣测评

在职业生涯的辅导中,霍兰德的理论具有广泛而深刻的影响。国内目前已有多种引进及自主研发的霍兰德兴趣测试版本。但是需要注意的是,兴趣测评的结果并不能机械地找到某种确定适合的职业,而只能说是根据测评的常模样本,拥有某种兴趣类型的人更大可能地会选择某种职业。且在这种职业中,工作会比较能够得到满足,心情愉悦。很多大学生都希望通过职业兴趣测试来获得某个确定的适合自己的职业,这个出发点就有失偏颇。实际上,大学生应该仅将兴趣类型作为自己探索和定位的参考依据,以帮助自己进行更多的探索和学习。

第二节　能力与价值观探索

一、能力探索

我们都知道，能力是用人单位招聘时最关心的问题，基本上每个求职者在面试时都会被问到这样一个问题："你认为你有什么能力能够胜任我们的工作？"可能是直截了当的提出来，也可能设定一些问题来间接考察，那么我们怎样发现、培养和表现自己的能力，从而在就业中拥有竞争力，是非常关键的。

（一）能力与职业生涯发展的关系

1. 能力的含义

所谓能力，就是当你想要顺利完成某一件事情的时候，你所需要的各种主观条件会直接影响活动的效率，并且会让活动顺利完成，我们把这种心理特征称之为能力。能力的体现一定要和人的完成活动有关联，没有具体活动，人的能力也就无法表现。在管理学中，能力指的是个体能够成功完成工作中各项任务的可能性。

2. 能力与职业生涯发展的关系

能力是影响人们职业活动效果的基本因素，一方面，只有具备职业相关的能力素质，才有可能从事某项工作一个人具备的该工作需要的能力水平越高，工作表现越好；另一方面，我们只有对自己的职业能力有充分的认识和判断，才能"量体裁衣"地找到适合自己的工作。合适的职业能够促进个人能力的快速发展，两者相互促进，良性循环，最后的结果是带来职业上更进一步的发展。

（二）能力的类型

1. 能力分类

我们可以按照能力获得的两种不同方式，人为地将能力分为"能力倾向"和"技能"两个类型。

1) 能力倾向：生来就有的某种特殊技能，比如天生的运动能力和对于音乐方面的灵感等。

2）技能：人的后天的生活中经过自身的学习获得的各种能力，比如理解知识的能力、语言表达能力等。

2. 加德纳的多元智力论

目前较为流行的理论是哈佛大学教授、发展心理学家加德纳（Gardner）提出的多元智力论。他认为，智力是多元的，人类至少有七种不同的智能，分别是逻辑—数理智力、言语——语言智力、身体——动觉智力、视觉——空间智力、音乐——节奏智力、交往——交流智力和自知—自省智力。

在个人的智力结构中，这七种智力处于同等重要的地位。这七种智力在每个人的身上，以不同的方式和程度进行组合，因此，每个人的智力都具备不同的特点。这个理论也告诉我们，不存在每个人聪明不聪明的问题，只是每个人聪明的方面不一样而已，就像中国一句老话说的"天生我材必有用"。每个人都是独特而有用处的，只要每个人能将自己的天赋发挥出来，那么每个人都是出色的。

3. 技能的类别

辛迪·梵和理查德·鲍尔斯卡将技能分为知识技能、可迁移技能（或称通用技能）、自我管理技能三类。

（1）知识技能

知识技能指的是人通过后天的学习，在学校教育中或者在社会教育中获得的特别能力，这些技能是人已经掌握了的东西。关于知识技能，一般都会涉及个人擅长或者所学习的科目。

研究表明，知识技能一般是不能够转移的，必须要经过专门的培训或者是刻意的培养才能够掌握的一种技能。

知识技能通常与我们的专业学习和工作内容有直接关系。在选择就业岗位的时候，许多大学生常常陷入两难的境地：一方面，他们不喜欢所学的专业，自己不太愿意从事"专业对口"的工作；另一方面，丢掉专业，找"不对口"的工作，又舍不得，不太甘心，也担心自己无法胜任，实在尴尬。因此，许多人会选择临时凑合，等待时机。如此一来，就有可能不断跳槽。也有一些会选择继续深造来改换专业。

实际上，大学生可以采取很多方法来解决这种尴尬局面。因为通过课外培训、专业会议、讲座、自学、研讨会、资格认证考试等方式都可以获得知识技能。而且现在许多大学都开有辅修专业，可以满足学生与兴趣相关的专业知识学习的需要。此外，现在很多公司也为新员工提供相关的岗位培训。许多招聘方已不再严格要求专业背景，而看重的是综合素质，也就是"自我管理技能"与"可迁移技能"。

（2）自我管理技能

自我管理技能一般特指某个人具有的某些异于常人的特征。

它能够帮助个人更好地适应周围的环境。自我管理技能能够通过主观努力培养和训练获得，通常包括时间管理能力、问题解决能力、人际沟通能力、情绪管理能力、团队协作能力等软性的素质技能。企业非常看重这些能力，因为它们有助于职业人协调处理复杂的工作事件，被认为是"成功所需要的品质、个人最有价值的资产"。事实上，人们被解雇或离职，更多的是因为缺乏自我管理能力而不是因为缺乏专业能力。

（3）可迁移技能

可迁移技能指的是你会做的事。

也可以说是职业人能够触类旁通的能力。可迁移技能被称为通用技能。他可从生活中方方面面得到发展，并在工作中得到应用。调查结果显示，企业在招聘人才时，不仅看其学习成绩，更重视他的综合能力，排在前几位的多是良好的沟通、表达能力，较强的分析、组织能力及领导能力，尤其是团队协作精神。

（三）了解自己的能力

职业生涯规划的核心就是对能力的认识和分析。但是对当下的大学生来说，准确把握和界定自己能力绝非易事，尤其在生活和学习的过程中，受到家庭传统教育和传统文化的影响，往往不能正确认识自己的能力。在他们的思维中，一件事如果做起来得心应手，就认为不需要什么能力；而如果较为困难或者没用到某种能力，就认为自己不具备此种能力。因此，现在让你列出你的能力清单，你可能写不出什么。但实际上，你已经从生活经历中获得了数以百计的技能，只是你还不善于总结、归纳，并运用到职业生涯发展中。

1. 发现自己的成就和技能

通过"他人眼中的我"、"盘点你的知识技能"，都可以帮助我们认清自己的能力和发掘自己的技能。我们还可以通过更多的方式来发现自己的能力。

1）回顾成长历程，确认你的能力。回顾一下自己的成长历程，看看你做过什么事，做成过什么事，从这些事情中，对自己的能力做一个总结。可能有些事情你可以轻易地就做成功，但这并不代表就不是你的成就。你应该把那些你曾经树立了目标然后实现了的事，都当做成就，比如：独自完成了一次旅行，设计了宿舍摆设，擅长打篮球，策划了一个谢师会，出了一期手抄报等，哪怕它们微不足道，也是你成长过长中的成就。当你认识到自己的能力后，你将超越自我设定的狭隘限制，更清晰地认清自我，从而做好个人职业生涯的规划和发展。

2）列业绩表，确认你的能力。在上面你已经取得的成绩中，把那些可以量化，或者可以用数字说明的事情列举出来，如连续两年获得"优秀学生干部"；暑假打工两个月；组织过100人的社团活动；寒假为一个小学生做过家教等。如果能够把自己取得这些成绩的原因也一一列出，那么，就可以更加清晰地看出自己的能力。

对自我能力进行探索的目的，就是要帮助个体认识到自己在已往的岁月中其实已经具备了相当的能力，从而让个人对自己有更好、更准确的定位，对自己和自己的能力都有更深刻的认识。

2. 了解职业对能力的要求

仅仅了解自己的能力是远远不够的，我们还要了解自己具备的能力可以运用于什么样的职业。因此，我们也需要对职业能力要求进行探索。

1）向职业人员了解职业对能力的要求。就是向实际从事某一职业的人了解该职业的能力要求。采用这种方法可以比较详细、具体地了解该职业未向社会公开的要求，可以有效地帮助个人在进入某职业前做好职业方面的准备。大学生可以通过和学长学姐的交流获得该职业的信息以及对能力的要求。

2）利用网络了解职业对能力的要求。www.jobsoso.com 是一个专门的职业分类网站，对326种职业的工作内容和技能要求有详细的说明，对我们了解和选择职业具有很好的参考价值。

3）参与实际工作了解职业对能力的要求。一些职业目标比较明确的大学生，如果条件允许的话，可以利用学习之余，寒暑假期，到相关企业实地考察，或者实习等。

二、价值观探索

所谓价值观，就是在我们工作和日常交往中所遵循的基本原则和品质。它是影响人行为的最深层次的动机，深刻地影响着个人的职业选择和发展。

（一）价值观的概念

价值观对人们的行事风格、待人接物的态度等一切行为模式都有着深刻的影响。作为世界观的核心部分，它涉及社会生活的方方面面，支配和调节着一切社会行为。

（二）价值观与职业生涯发展的关系

价值观在人们的职业生涯发展中起到极其重要的、决定性的作用。在实际工作中，一个人越清楚自己的价值观，越了解自己在工作和生活中真正想要的是什么，他的职业生涯发展目标也就越清晰。

1）价值观的激励作用。价值观是驱使人们行为的内部动力，它也是一套自我激励机制。依据马斯洛的需求层次论，人的需求有五个层次，从低层到高层分别是生理需求、安全需求、归属需求、尊重需求，以及自我实现需求。高层次需求的追求是在低层次需求得到满足的基础之上的。比如：有些大学毕业生会比较重视工作能带给自己多少收入，而有些则可能更多地考虑要做自己喜欢的工作。这两者的不同在很大程度上可以归结于他们所处的需求层次不同，前者处在"生理"、"安全"的层次上，而后者则是在较低层次的需求得到满足的情况下，追求"归属"、"自我尊重"、"自我实现"。随着社会的发展，这种较高层次的需要满足会成为越来越多人的追求。

2）价值观与职业选择。个人由于身心条件、受教育状况、家庭影响、生活经历、兴趣爱好等方面的不同，对各种职业的评价也就存在不同。一个人的价值观与职业的契合度越高，那么其职业满意度就会越高。不过这里需要注意的是，满足个体所有价值观的职业是不存在的，因此，在价值观和职业探索中，要澄清个体所有价值观之间的相对重要性，这样才能进行有效职业决策和职业生涯规划。

(三) 职业价值观理论

职业心理学家通过大量研究和调查，从人们的信念、理想及世界观的角度把职业价值观分为九种（表2-2-1）。

表2-2-1 职业价值观及其特点

序号	职业价值观	典型特点	典型职业类型
1	独立经营型	也可称非工资生活者型；他们凭自己的能力做，不受他人指使，拥有自己的小"城堡"	音乐家、诗人、演员、记者、画家、雕刻家、摄影师
2	经济型	也称经理型；在他们看来，人与人之间就是金钱交易的关系，崇尚金钱的作用和价值，认为所有东西，包括幸福都可以用金钱买到	各类商人
3	支配型	也称独断专行型；目标是当上组织的一把手，他们通常为所欲为，飞扬跋扈，且享受这个过程	律师、政治家、调度员、管理人员
4	自尊型	有很强的受人尊重的欲望，追求虚荣；有很强的优越感，对社会地位和名誉有强烈的渴求，希望能够受人尊敬；由于具有强烈的自我意识，因此在欲望得不到满足时，常常会感到自卑	公务员、工商税务人员、银行出纳、会计
5	自我实现型	这种类型的人对诸如平常的幸福，一般的惯例等毫不关心，一心一意想发挥个性，追求真理；对社会上普遍追求的收入、地位毫不关心，认为他人的看法是最没有价值的，因此毫不关心；他们的一生都在提升自己，挖掘自己的潜力，致力于实现自我价值	各类学科的科研人员
6	志愿者型	这类人富有同情心、同理心，能够把他人的痛苦感同身受，不喜欢表面上哗众取宠的事情，喜欢默默帮助别人，且以此为乐	社会工作者、护士、咨询人员、导游
7	家庭中心型	此类人的生活稳定而又平凡，珍惜与家人的团聚；生活态度保守，为人踏实，不敢冒险	农民、工程师、机械工、飞机机械师、司机

续表

序号	职业价值观	典型特点	典型职业类型
8	才能型	这种类型的人单纯，爱给别人戴高帽子，喜欢受到周围人的欢迎，拥有不凡的谈吐，常以滑稽的表情和动作活跃周围气氛，是众人中的"开心果"	公关人员、营销人员、司仪、节目主持人
9	自由型	这种类型的人在开始的时候做事没有计划，但是在过程中会随着情况的变化而调节自己来适应环境和气氛；常被周围人认为无责任感；但他能承担有限的责任，不麻烦他人，无拘无束，生活随便	无固定职业

（四）探索自己的真实价值观

对自己价值观的探索，在人的职业生涯发展中具有重要的意义。同样一份职业，有人做起来"乐在其中"，也有人感觉"枯燥乏味"，其原因就在于每个人的价值观的差别。因此，弄清楚自己的价值观，并从事与自己价值观相匹配的职业，对一个人的职业生涯来说是至关重要的。

当价值观还处在一个形成和探索的阶段时，原本可能即使做完了这些测评也还是不能完全明确地对个人价值观进行取舍和排序。关键是我们要对自己的职业和生活进行不断地思考和探索。本来价值观的探索本身也不是一劳永逸的过程。因此，有必要进行进一步的探索，并在今后的生活中不断反思。

第三节　大学生自我认识的方法

一、霍兰德职业兴趣测评

霍兰德职业兴趣测试是目前最权威、最准确的职业兴趣测试，通过此测试，大学生能够发现和确定自己的特长和职业兴趣，选择适合自己的职业目标。此测验共包含七个部分，虽然没有时间限制，但是希望尽快完成。

（一）您心目中的理想职业（专业）

在之前的时光中，相信每个人都考虑过将来要做什么的问题。它可以天马行空，也可以切合实际，无论是什么样的，都代表着每个人内心深处的愿望和渴望。下面请写出三个您曾经考虑过的最想做的工作，或者最想读的三个专业。

1）_____。

2）_____。

3）_____。

（二）您所感兴趣的活动

下面是多种活动的列举，请判断您对这些职业是否喜欢，喜爱的计1分，不喜爱的不计分，并把分值填写到第六部分的统计项目中。

R：现实型活动：

1）参加木工技术学习班。

2）修理自行车。

3）参加制图描图学习班。

4）装配修理电器或玩具。

5）参加机械和电气学习班。

6）用木头做东西。

7）开汽车或摩托车。

8）驾驶卡车或拖拉机。

9）用机器做东西。

10）装配修理机器。

统计得分：

I：研究型活动：

1）研究自己选择的特殊问题。

2）在实验室工作。

3）读科技图书和杂志。

4）改良水果品种，培育新的水果。

5）上物理课。

6）解算术或玩数学游戏。

7）上几何课。

8）上化学课。

9）上生物课。

10）调查了解土和金属等物质的成分。

统计得分：

A：艺术型活动：

 1）欣赏音乐或戏剧。

 2）素描、制图或绘画。

 3）设计家具，布置室内。

 4）进艺术（美术、音乐）培训班。

 5）练习乐器，参加乐队。

 6）看小说，读剧本。

 7）从事摄影创作。

 8）参加话剧、戏剧表演。

 9）练习书法。

 10）写诗或吟诗。

统计得分：

S：社会型活动：

 1）和大家一起去郊游。

 2）学校或单位组织的正式活动。

 3）帮助别人解决困难。

 4）照顾儿童。

 5）参加某个俱乐部或社会团体的活动。

 6）出席晚会、联欢会、茶话会。

 7）想获得关于心理学方面的知识。

 8）结交新朋友。

 9）观看或参加体育比赛。

 10）参加讲座或辩论会。

统计得分：

E：企业型活动：

 1）说服和鼓动他人。

2）以自己的意志影响别人的行为。

3）卖东西。

4）谈论政治。

5）结交名流。

6）参加会议，制订计划。

7）对别人的工作进行检查和评价。

8）对某种目标的团体进行指导。

9）在社会团体中担任职务。

10）参与政治活动。

统计得分：

C：常规型活动：

1）参加打字培训班。

2）将房间整理整洁。

3）对个人收支情况定期检查。

4）参加情报处理培训班。

5）为领导写报告或公务信函。

6）写商业贸易信。

7）整理记录、报告等。

8）抄写文件和信件。

9）参加算盘、文秘等实务培训。

10）参加商业会计培训班。

统计得分：

（三）您所擅长或能胜任的活动

下面列举有多项活动，请您考虑自己是否能做，能做的计 1 分，不能做的不计分；自己没做过的活动，请考虑将来是否能做，能做的也计 1 分，不能做的不计分。

R：实际型活动能力：

1）能使用缝纫机、磨床或电钻床

2）能看建筑设计图。

3）能给木制品和家具刷漆。

4）知道如何使用万用表。

5）能修理收录机。

6）能修理家具。

7）能使用木工工具，如电钻、电锯、锉刀等。

8）能简单地修理水管。

9）能够修理简单的电气用品。

10）能够修理自行车等机械。

统计得分：

I：研究型活动能力：

1）懂得真空管或晶体管的作用。

2）能解释简单的化学现象。

3）会使用计算器、计算尺、对数表。

4）知道至少三种蛋白质多的食品。

5）理解铀的裂变。

6）知道人造卫星为什么不落地。

7）会使用显微镜。

8）可以找到三个星座。

9）经常参加学术会议。

10）能独立调查研究。

统计得分：

C：常规型活动能力：

1）能快速记笔记和抄写文章。

2）会用外文打字机或复印机。

3）能够高效地对大量文件进行分类和处理。

4）会使用算盘。

5）能够很好地保管和整理文件。

6）会熟练地打印中文。

7）会快速对数据进行收集。

8）会用计算机。

9）对事务性的工作很擅长。

10）善于做财务预算表。

统计得分：

A：艺术型活动能力：

1）会演奏乐器。

2）能创作简单的乐曲。

3）能够独唱或独奏。

4）能参加二部或四部合唱。

5）能素描、绘画或书法。

6）能设计板报、家具或服装。

7）能扮演剧中角色。

8）能够写好文章。

9）会跳舞。

10）能雕刻、泥塑或剪纸。

统计得分：

S：社会型活动能力：

1）善于与年长者相处。

2）有向各种人说明解释的能力。

3）经常参加社会福利活动。

4）能简单易懂地教育儿童。

5）善于帮助别人和体察人心。

6）会邀请人、招待人。

7）能安排会议等活动顺序。

8）能与大家一起友好相处，和谐地工作。

9）能安排社团组织的各种事务。

10）可以帮助护理病人和伤员。

统计得分：

E：企业型活动能力：

1）担任过学生干部，能够处理好相关事务。

2）能够利用自身的做法调动他人。

3）曾作为俱乐部或社团的负责人。

4）做事充满热情和活力。

5）有开创事业的能力。

6）知道如何能成为一个优秀的领导者。

7）在工作上能指导和监督他人。

8）销售能力强。

9）能够向领导提出建议或反映意见。

10）健谈善辩。

统计得分：

（四）你的能力类型

下面两张表是你在六个职业能力方面的自我评定表，主要是对你的所有能力进行对比，来确定你比较擅长和不太擅长的能力。你可以先将自己的某种能力与同龄人相比较，并对自己的能力做出大概评估。你可以把六个能力排队，然后让不同能力等级有不同的数值。每个能力对应的数值越大，表明这方面能力水平越高；两个能力水平数值的差距越大，表明能力差距越大。请在表2-3-1和表2-3-2中认为合适的数字上画圈。数字越大，表示你的能力越强。

表2-3-1

	R型：机械操作能力	I型：科学研究能力	C型：事务执行能力	A型：艺术创造能力	S型：解释表达能力	E型：商业洽谈能力
高中低	7	7	7	7	7	7
	6	6	6	6	6	6
	5	5	5	5	5	5
	4	4	4	4	4	4
	3	3	3	3	3	3
	2	2	2	2	2	2
	1	1	1	1	1	1

表2-3-2

	R型：机械操作能力	I型：科学研究能力	C型：事务执行能力	A型：艺术创造能力	S型：解释表达能力	E型：商业洽谈能力
高中低	7	7	7	7	7	7
	6	6	6	6	6	6
	5	5	5	5	5	5
	4	4	4	4	4	4
	3	3	3	3	3	3
	2	2	2	2	2	2
	1	1	1	1	1	1

（五）统计和确定你的职业倾向

请将第二到第五部分你统计好的六种职业倾向的测验分数得分填入下表，并对之进行纵向累加，将累加数值填写到总分栏里。

测验	R型	I型	C型	A型	S型	E型
第二部分						
第三部分						
第四部分						
第五部分A						
第五部分B						
总分						

请将上表中的六种职业倾向总分按由大到小的顺序依次从左到右排列：

_____型、_____型、_____型、_____型、_____型

很显然，在这个测验中得分最高的职业是最适合你的，也就是从左到右适合你的程度在递减。如果你认为测验测出的最适合你的工作，并不是你想做的，或者与你的个人能力不相匹配，请在第七部分结合你的价值观来选择职业。

（六）职业价值观的确认

下面列出人们在选择工作中，一般会考虑的九种因素，请按照你个人的价值品判断，分别将你认为最重要和最不重要的两项因素填写在空格之上。

最重要：_____，次重要：_____；最不重要：_____，次不重要：_____。

附：工作价值标准：

1）工资高，福利好。
2）有较高的社会地位。
3）人际关系良好。
4）在工作中能将自己的特长得到充分发挥。
5）工作稳定有保障。

6）工作环境（物质方面）舒适。

7）工作不太紧张，外部压力小。

8）能提供较好的受教育机会。

9）工作的社会需要性强，对社会的贡献度高。

职业索引——职业兴趣代号与其相应的职业对照：

R 代表实际型，主要包括工程师、长途公共汽车司机、无线电报务员、农民、电器师以及其他与之相似的职业。

I 代表调查型，主要包括物理学者、气象学者、植物学者、天文学家以及其他需要调查的职业。

A 代表艺术型，主要包括编剧、音乐教师、雕刻家、摄影师、演员等职业。

C 代表常规型，主要包括会计、核算员、银行出纳、法庭速记员等职业。

S 代表社会型，主要包括学校领导、导游、社会学者、福利机构工作者等职业。

E 代表事业型，主要包括进货员、推销员、商品批发员、律师、广告宣传员等职业。

下面介绍与你三个代号的职业兴趣类型一致的职业表。

RIA 类型主要有建筑设计员、模型工、制作链条人员、细木工等职业。

RIS 类型主要包括厨师、跳水员、眼镜制作、发电厂工人、装玻璃工人、服务员。

RIE 类型主要包括一般机械工程工人、农场工人、清洁工、汽车修理工、建筑和桥梁工程工人等。

RIC 类型主要包括农业机器装配工、锁匠、缝纫机装配工、接待员、制帽工、钟表装配和检验工等职业。

RAI 类型有制作模型人员、家具木工、皮革品制作工、手工绣花工、装订工等职业。

RSI 类型主要包括农业学校教师、编织工、某些职业课程教师、雨衣上胶工等职业。

RSE 类型主要有起卸机操作工、警察、门卫、房间清洁工、屠夫、娱乐场所的服务员等职业。

REI 航海领航员、试管实验员、轮船船长等职业。

REC 类型主要有抄水表员、保姆、实验室动物饲养员、动物管理员。

RES 类型主要有渔民、家畜饲养员、收割机操作工、水手长、公园服务员、救生员等职业。

RCI 类型主要包括勘测员、化学工程技师、石油工程技师、电影放映员、探矿工、染色工、木匠、磨床工、炮手、样品检验员、手工缝纫工等职业。

RCE 类型主要有邮件分类员、吊车驾驶员、拖拉机司机等职业。

RCS 类型主要包括烟囱修建工、游泳池服务员、矿工、裁缝、建筑工、石匠、一等水手等职业。

IAS 类型主要有心理学家、哲学家、各类经济学家、数学家、内科医生等职业。

IAR 类型主要有化石修复者、天文学家、物理学家、动物标本剥制者等职业。

ISE 类型主要有饮食顾问、邮政服务检查员、火灾检查员等职业。

ISC 类型主要有电视修理服务员、验尸室人员、编目录者、医学实验室技师等职业。

ISR 类型主要有昆虫学者、微生物学家、配镜师、细菌学家、牙科医生等职业。

ISA 类型主要有各类心理学家、目标学家、精神病学家、皮肤病学家、眼科医生、护士职业。

IES 类型主要有细菌学家、地质专家、药房营业员、化学专家、纺织技术专家、工业药剂师等职业。

IEC 类型主要有档案保管员、保险统计员等职业。

IRS 类型主要有物理海洋学家、园艺学家、兽医、植物学家、动物学家、细菌学家、动物病理学家、生物化学家、地理学家、临床化学家等职业。

IRE 类型主要有原子核工程师、行政官员、渔业技术专家、电力工程师、材料和测试工程师、口腔科医生等职业。

IRC 类型主要有动植物技术专家、飞行员、农业技术专家、照相机修理者、工商业规划者、纺织品检验员、工具设计者等职业。

CRI 类型主要有簿记员、记时员、按键操作工、打字员等职业。

CRS 类型一般包括仓库保管员、缝纫工、档案管理员、收款人等职业。

CRE 类型主要有实验室工作者、标价员、电动机装配工、自动打字机操作员、缝纫机操作工、广告管理员。

CIS 类型主要有记账员、土地测量员、会计师、估价员、外贸检查员等职业。

CIE 类型主要有打字员、统计员、校对员、办公室工作人员等职业。

CIR 类型主要有校对员、检修计划员、工程职员等职业。

CSE 类型主要有电话接线员、接待员、旅馆服务员、私人职员、通讯员、商学教师等职业。

CSR 类型主要有运货代理商、交通检查员、出纳员、银行财务职员等职业。

CSA 类型主要有图书管理员、秘书等职业。

CER 类型主要有邮递员、办公室办事员等职业。

CEI 类型主要包含推销员、经济分析家等职业。

CES 类型主要有速记员、法人秘书、银行会计等职业。

ECI 类型主要有信用银行行长、审计员、地产管理员等职业。

ECS 类型主要包括信用办事员、各类进货员、海关服务经理、购买员等职业。

ERI 类型主要有建筑物管理员、农场管理员、护士长等职业。

ERS 类型主要有房屋管理员、仓库管理员等职业。

ERC 类型主要包含机械操作领班、木工领班、驾驶员领班等各类领班职业。

EIC 类型主要有专利代理人、安全检查员、废品收购人员等职业。

EIR 类型主要包括科学、技术以及其他有关周期出版物的管理员。

EIS 类型主要有交通检验员、合同管理者、商人等职业。

EAR 类型主要有展览室管理员、播音员、舞台管理员等职业。

EAS 类型主要与律师、公证人等职业。

ESC 类型一般包含裁判员、财政管理员、职业病防治、商业经理、人事负责人、售货员等职业。

ESR 类型通常包括日用品售货员、公共汽车驾驶员、护士长、家具售货员等职业。

ESI 类型主要有古迹管理员、出租汽车服务站调度、博物馆管理员、图书馆管理员、饮食业经理、超级市场管理员等职业。

ESA 类型主要有音乐器材售货员、导游、博物馆馆长、律师、报刊管理员等职业。

ASE 类型主要有广告撰稿人、报刊、舞蹈教师、专栏作者、英语翻译员等职业。

ASI 类型主要有艺术类学科教师、管弦乐指挥、美术教师、演奏家、广告经理、时装模特等职业。

AEI 类型主要有舞台指导、电影导演、音乐指挥等职业。

AES 类型主要有电影导演、广播节目主持人、口技表演者、喜剧演员、模特等职业。

AER 类型主要有艺术指导、录音指导、新闻摄影师、骑士、丑角演员、魔术师等职业。

AIS 类型一般包含编辑、时装艺术大师、画家、文学作者、新闻摄影师等职业。

AIE 类型主要包含复制雕刻品大师、剪影艺术家、花匠等职业。

AIR 类型主要包含陶器设计师、绘图员、环境美化工、绣花工等职业。

SEC 类型一般包括社会活动家、教育咨询者、退伍军人服务官员、宿舍管理员等职业。

SER 类型主要有体育教练、游泳指导等指导类职业。

SEI 类型通常包含医院行政管理员、大学校长、历史学家、职业学校教师、资料员等职业。

SEA 类型主要包含一般咨询者、社会服务助理、宗教教育工作者等职业。

SCE 类型一般包含戏院经理、生产协调人、餐馆经理、售票员等职业。

SRI 类型通常包括医院服务员、外科医师助手等职业。

SRC 类型一般包括护理助理、医院勤杂工、学校儿童服务人员等职业。

SRE 类型一般包括体育教练、专业运动员、儿童家庭教师、传达员、保姆等职业。

SIA 类型一般包含大学或学院的各类教师、政治家、科学家、研究生助教、成人教育教师等职业。

SIC 类型一般包括诊所助理、体检检查员、兽医助手、咨询人员、娱乐指导者等职业。

SIE 类型主要包括营养学家、海关检查员、安全检查员等职业。

SIR 类型主要有手足病医生、理疗员、职业病治疗助手等职业。

第三章 大学生职业生涯设计

对于即将步入社会的大学生来说,职业生涯设计是十分必要,也十分重要的,只有有了明确的职业生涯目标,才能在学习的过程中有明确方向,在未来选择职业时不至于茫然无措。而目前的大学生却很少有清晰的职业规划,形成这种现象的原因有很多,他们可能对自己的兴趣不够了解,不知道什么样的工作是适合自己的,不知道自己想做的职业是否是适合自己的等等。本章就通过对职业生涯的目标与决策、实施与评估以及案例分析的阐述来帮助大学生确立职业生涯目标和规划。

第一节 目标与决策

一、职业生涯目标

哈佛大学曾经就职业生涯目标对人生影响作过一个跟踪调查,调查结果显示:3%的人有清晰而明确的中长期职业生涯目标,25年后这3%的人几乎都成为社会各界的顶尖成功人士;10%的人有清晰的短期职业生涯目标,25年后他们中部分人生活在社会的中上层,是各行各业不可或缺的专业人士;60%的人职业生涯目标模糊,25年后他们能有安稳的生活与工作,但都没有什么突出的成绩;27%的人没有职业生涯目标,25年后他们生活在社会最底层,生活不如意,常常处于失业状态,抱怨他人和社会。由这个调查我们可以得到如下启发:坚定的职业生涯目标是个体追求成功的内在驱动力,是否具有明确的职业生涯目标很大程度上决定一个人成功与否。因而,大学生在职业生涯设计中应该把职业生涯目标的制定作为重中之重。

（一）职业生涯目标的含义

职业生涯目标，是指个体在选定的职业领域内未来时点上将要达到的具体目标。依据职业目标，个体可以规划自己的学习和实践，为实现职业生涯目标进行积极准备并且付诸实际行动。职业生涯目标是围绕着人生目标制定的，个体的世界观、价值观、社会观对职业生涯目标就有直接的影响。因此我们必须在理清自己人生目标的基础上来制定职业生涯目标。

（二）职业生涯目标分类

1. 按性质分

按照性质来分，可将职业生涯目标分为外职业生涯目标和内职业生涯目标两个部分。

（1）外职业生涯目标

外职业生涯目标指的是侧重于职业过程的、外在的、可看得见的标记，它主要包括工作内容、职务要求、工作地点和环境等方面的目标。

（2）内职业生涯目标

内职业生涯目标指的是在职业生涯规划中的知识和经验的积累、观念的转变、能力和素质的提高，以及价值感、成就感等内在感受。如果选择了符合自己能力和价值观的工作，这些感受和能力，都可以在工作中获得，当然自身的努力自然是不用说的。

职业生涯的内外目标不是互无关联的而是相辅相成、互相促进，两者的任何一方的发展和实现都对另一方的实现和发展有着促进作用。

2. 按时间划分

按照时间来划分，则可将职业生涯目标分为短期目标、中期目标、长期目标和人生目标。通常来说，短期目标是为中期目标打基础，中期目标的实现又是长期目标实现的基础，而长期目标的设定又要服从于人生目标。由上可以看出，目标的制定一般是从人生目标开始的，只有先有了人生目标，短期目标、中期目标和长期目标的制定才有方向。而目标的实施则是从短期目标开始的，短期目标的实现，是所有后续目标实现的基础。在这制定人生目标的过程中，一般要把自身因素和社会因素考虑在内。而制定短期和中期目标时，则要更多地考虑环境因素。

（1）短期目标

短期目标通常是指每日、每周、每月、每季、每年的目标，是中期目标和长期目标的现实化、具体化和可操作化。其主要特征以下几点：目标切合实际；对现实目标有把握；目标具备可操作性；服从于中期目标；明确规定具体的完成时间；目标需要适应环境；短期目标有可能是自己主动选择的，也可能是被动接受的，例如，公司或上级安排的。

（2）中期目标

中期目标是职业生涯设计能否有效实施的重点，在整个目标体系中具有承上启下的作用，时间一般为三到五年。对于大学生来说，中期目标指的就是在大学期间应该达到的目标，如毕业后要找一个比较满意的工作或者考上理想大学的研究生等。与长期目标相比，中期目标要更加具体，以下是其主要特征：与长期目标保持一致；用明确的语言来定量说明；制定时结合自己的职业理想和职场环境及要求；时间较为明确，且可以做出调整；对目标实现的可能性做出过评估；与自己的价值观基本符合，对自己充满信心，乐意将自己的目标公之于众。

（3）长期目标

长期目标的时间一般在五年以上，常常会随着自身情况和外部环境而变化。长期目标的确定与自己的人生目标息息相关，中国有句老话，"人无远虑，必有近忧"，尽管如此，人们在生活中却很容易忽视长期目标。长期目标的主要特征有：目标有可能实现，具有挑战性；目标是认真选择的，和社会发展需求相结合；立志对环境进行改造；与自己的价值观极其符合，自己内心十分认同并坚定；对实现时间没有明确规定；在一定范围内实现即可。

3. 按实现难度划分

职业生涯目标有难易之分。人的职业生涯发展是由低到高循序渐进的，在发展成长的过程中，个体给自己所设定的职业生涯规划目标也应该分阶段，由易到难，由低层次到高层次循序渐进地进行。如果一个刚入学的大学生就给自己设定了毕业时就能成为某专业领域的专家学者的目标，这就是不现实的。制定目标时，需要根据个人的实际情况，制定难易度合理且具有实际指导价值的职业目标。

(三) 职业生涯目标的意义

成功者的职业生涯大多是从制定合适的职业生涯目标开始的。明确而坚定的职业生涯目标是取得职业成功的基本前提。具体来说，确定职业生涯目标具有以下几方面的意义：

1. 职业生涯目标能促进产生自我发展

职业生涯目标个体职业目标发展的依据，也对个体具有重要的鞭策作用，更是个体职业生涯发展的方向，有了方向，个体的职业发展努力才更加有效。

2. 职业生涯目标的确定有助于把握现在

个体在确定目标的过程中免不了要把握和评估现实，更需要对自我的全面审视。因此，职业生涯目标的确定有利于把握现在。

3. 职业生涯目标引导优势发挥

当个体有了明确目标后就会知道自己的使命所在，有了动力在自己的优势领域不断努力，同时也能安排好日常工作和生活的轻重缓急。

4. 职业生涯目标能够帮助评估和进步

大多数人每天忙忙碌碌，却忽略了对自己的进步进行评估，也不能确定评估的尺度和标准。目标正好提供了一种自我评估的手段，以目标的达成程度为指标来进行自我评估。

(四) 制定职业生涯目标的原则

首先，职业生涯目标应是客观的，它是建立在自我认知与环境认知的基础上，在了解了个人兴趣、性格、能力、身体素质以及社会环境等各方面的情况下所制定出的一个具有可行性、合理的目标。而不应是不切实际的，假如一个人从未接受过舞蹈方面的培训，却想要在两年内成为享誉国内外的舞蹈家，这种目标，一般情况下是很难实现的。其次，职业生涯目标一般是可以调整的，当目标确定后，随着个体知识、技能、阅历方面的提升，个体可以阶段性地对目标进行调整，当然，调整的频率不宜过于频繁。

以下是制定职业生涯目标时需考虑的几个原则：

1. 现实原则

目标的确立要符合社会的需求。职业生涯目标如同一种"产品"，我们都知道，有良好的市场，产品才能有不错的销路。因此，在确定职业生涯目标时，要考虑到内外环境的需要。

2. 适合原则

目标的确立要与自身特点相结合，比如兴趣、性格、特长甚至身体条件等。要将目标建立在个体的最优性格上、最大兴趣上、最佳特长上。

3. 激励原则

目标高低的确立要恰到好处，远大的目标具有激励作用，但目标过高脱离了实际，就会因好高骛远而导致失败，目标太低，太容易实现，没有挑战性和进步的空间，也就失去了存在的意义。

4. 明确原则

目标的确立要具体明确。如果含糊不清，就起不到指引的作用，如此以来，就算投入了大量时间和精力也无法达到目标。

5. 层次原则

目标的确立应该长短结合。长期目标有给人生指明方向的作用，是个体前进的动力；短期目标的制定也是非常重要的，短期目标的实现是长期目标的保证。在职业生涯发展过程中，在实现短期目标的过程中，个体可以自我鼓励，体验目标实现的成就感，促使自己朝着更高的目标前进。

6. 适度原则

同一时期的职业目标最好集中为一个，人的时间和精力是有限的，目标定地多的话，很容易变得慌乱，导致所有目标都不能实现，把精力集中在某一个点上，才有利于目标的实现。

7. 灵活原则

短期目标的确立要灵活。短期目标实现的时间安排可以有一定的调节的空间。如果内容安排过满，往往顾此失彼，且往往会因为身体疲惫而无法坚持；如果安排过死，如规定某一时间只能做某事，若遇上干扰，就无法完成，又没有补做时间，计划也就落空了。

（五）确定职业生涯的目标

1. 梦想法

在每个人心目中，都会有各种职业梦想。但这种梦想的制定可能没有确切的理论和现实依据，在个体不是很了解职业的前提下制定的。具有很大的局限性和随意性，尽管如此，这也是确定职业生涯目标的方法之一。你可以通过以下方法想想你的职业梦想。

你希望做什么？

你希望拥有什么？

你希望成为什么？

你将如何开始你希望做的事情？

你会遇到什么样的环境？

你的职业梦想实现后会有何感受？

2. 理论法

理论法就是在通过对各种职业的信息的理论学习，有了基本了解后，再确立自己的职业目标。可通过网站和书籍了解各个行业，以及职业的特点，再结合自己的兴趣，确定自己的职业目标。理论法在确定自己的职业生涯目标时，往往受到所学所限，所以要尽可能地多涉猎行业与职业的相关知识。

3. 实践法

指在参加具体的职业活动、行业活动、公司活动、社会活动中真实地体验到职业之后根据自己的想法形成职业生涯目标。由于在现实活动中，个体容易因为一时冲动或受到的启发而确立目标，因此，在确立一个职业生涯目标后，要多去参加职业相关活动，以求更加深入地了解来确定此职业是否真正适合自己。

5. 专业定向法

这种方法是根据现在所学的专业，来确定自己未来的职业方向，进而确定自己的职业生涯目标。如果你喜欢现在所学的专业，毕业后就会选择与专业对口的职业，比如编辑出版专业对口的有图书编辑、新媒体编辑、记者、还有排版、校对之类的工作。在使用这种方法选择就业时，要对本专业有深入的研究和探索，在结合专业的基础上尽可能扩大自己的选择面。

二、职业决策

每个人的生活和工作中都处处充满选择和决策，比如早上穿什么衣服,中午去哪里吃饭,晚上和谁去逛街,参加什么社团,选择什么职业等。但是对于个人来说,并非每个决策都是那么重要,以至于影响我们今后的人生,很多决策是微不足道的,像选择一个职业和工作对人们产生的影响那么深刻长久的决策毕竟不多,这也是我们要重视职业生涯决策的原因之一。

当一个人完成了对职业自我和职业环境的认知、确定了职业目标范围后,需要进一步对信息进行搜集和整理,以做出与职业生涯相关的一系列决策。

(一) 职业生涯决策内容

决策是指为达到一定目标,采用一定的科学方法与手段,从两种以上的可行方案中选择一个合理方案的分析判断过程。关于人的职业选择和生涯发展的决策被称为职业决策、生涯决策或职业生涯决策。

职业生涯决策综合了个体对自我的认识和对环境、职业等外在因素的判断,面临生涯抉择情境时所做的各种反应。其构成要素包括:决策者个人目标,可供选择的方案与结果以及对各种结果的评估,简单来说,就是目标、选择、结果、评价四要素。职业决策的整个过程和结果,要受到个人价值观等内在因素,以及机会、文化、结构职业决策的整个过程与结果的影响。

具体来说,职业生涯决策包括以下内容:选择何种行业和专业;选择行业中的哪一种职业;运用什么样的策略来获得自己心仪的工作;从数个工作机会中,选择特定的一个;选择工作地点;选择工作的取向,也就是个人的工作作风;选择生涯目标或是系列升迁目标。

(二) 职业生涯决策类型

1. 宿命型

相信冥冥之中命运自有指引,通常会跟随社会的发展,把自己的职业发展交给外部环境,有着顺其自然的心态。

2. 直觉型

相信自己的直觉,跟着感觉走,依据内心深处的想法对职业生涯进行决策。

3. 麻木型

这类人在面临职业选择时处于一种麻木消极的状态,不愿意花时间和精力对自己的职业生涯进行思考,对外部信息敏感度差,不追求进步与自我提升。

4. 挣扎型

在面临众多选择时,瞻前顾后,犹豫不决,很难下决定,有着远大的理想,却发现现实与理想差之甚远。这种决策类型的人在进行职业决策时通常需要较长的时间。

5. 冲动型

这类人的想法还很模糊,没有理论支持,在对职业有基本全面了解的前提下,就匆忙做决定,将想法付诸实践,缺乏对未来进行认真的思考和分析,对自己的职业不够负责。

6. 顺从型

在职业选择时没有主见,听从他人的意见,根据别人的想法来确定自己的方向。

7. 控制型

在对各方面的内外部因素充分考虑的基础上,果断自信地确立自己的职业定位和职业方向。敢于自我承诺,有计划、有策略地发展自己的职业生涯。

8. 拖延型

不愿对自己做出承诺,认为事情不用谋划也能自然而然地解决,相信"船到桥头自然直","车到山前必有路"。

9. 紊乱型

随着职业发展和规划的实施,不断地变化和调整自己的目标和计划,重视短期目标的实现而较少估计长期目标的实现与否,甚至根本没有制定长期目标,因此,在目标的实施过程中没有方向。

(三)职业生涯决策的方法

1. 利用五"W"的思考模式进行职业生涯决策

如图 3-1-1 所示,是五"W"思考模式的简明示意图,下面对五

"W"进行具体解释分析。

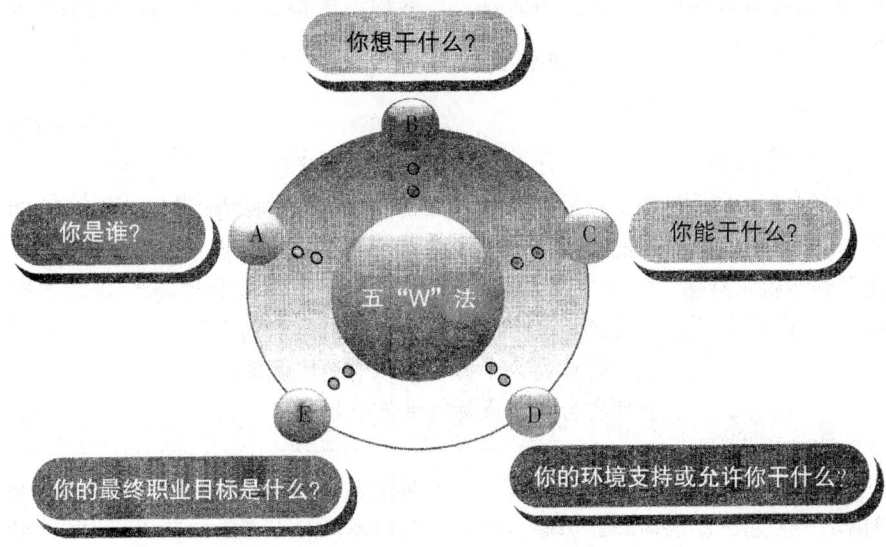

图 3-1-1 五"W"思考模式

A. 你是谁？（Who are you?）

对自己进行一次比较清醒的认识和深刻的反思，将自己的职业相关特点都——列举出来。

B. 你想干什么？（What you want?）

对自己的职业发展做一个心理趋向检查。每个人在不同的阶段可能有着不同的职业兴趣和职业目标，而随着年龄的逐渐增长，个体的职业生涯目标会逐渐地固定，并最终形成终生理想。

C. 你能干什么？（What can you do?）

对自己的能力与潜力进行全面总结分析。职业定位最根本的要归结于能力，职业发展空间的大小取决于潜力。从对事的感兴趣程度、做事的韧力、知识结构的全面程度及临事的判断力等方面来了解自己的潜力。

D. 你的环境支持或允许你干什么？（What can support you?）

这种环境包括主观和客观两个方面，其中主观方面包括领导态度、同事关系、家庭关系等，客观方面包括经济发展、人事政策、企业制度、职业空间等，在考虑环境时应将两方面结合来看。

E. 你的最终职业目标是什么？（What you can be in the end?）

明确了前面四个问题，在各个问题中找到实现有关职业目标有利和不利的条件，这样就可以确定出对自己的不利条件最少的，且自己能做又想做的职业，如此一来，自己最终职业目标的框架也就有了。

2. SWOT 决策分析

SWOT 分析是职业决策非常有用的工具。S 代表 strength（优势），W 代表 weakness（弱势），O 代表 Opportunity（机会），T 代表 threat（威胁）。其中，S、W 是内部因素，O、T 是外部因素。由此可见，个体可以通过 SWOT 分析，很清晰地确认自己的优点和弱点，并能对自己感兴趣的职业道路的优势和劣势作出评估。

通常来说，应遵循以下四个步骤来进行 SWOT 分析：

第一，评估自己的长处。通过 SWOT 分析，可以帮助个体找出自己的所长，也就是自己最具竞争力的方面，并依此来寻找那些个体最擅长，最能胜任的领域。在职场上发挥自己的优势，能够达到事半功倍的效果。

第二，审视自己的短处。首先社会的工作分工非常细，每个人都只能在某一领域有所擅长；其次，个体在兴趣、性格、价值观上具有一定的倾向性，不可能愿意和适合从事所有职业。比如，那些天生具有艺术细胞的人可以从事艺术设计工作；而有些人可能不具备艺术细胞，但却能把事务性的工作做得很高效。我们除了要找到自己的长处外，还要认清自己的短处，这样就会了解那些职业和工作是自己不擅长的。

第三，找出你的职业机会。不同的行业都有着不同的外部机会，这些机会往往会影响到个体的第一份工作和今后的职业发展，在有着积极外在因素的行业里，个人可以有十分广阔的发展空间。对职业机会的分析，包括社会环境分析、人际关系的分析、职业环境分析等。

第四，分析你的职业阻力。职场除了可以为我们提供机会外，还会给我们造成阻力，这些阻力一般不是个体所能控制的，为此，个体要努力采取方法弱化阻力的影响，只有采用一些发展策略，提高自己适应社会职业的能力，才能把阻力转化为内在动力，避免甚至消除不利影响。

3. 生涯决策平衡单

生涯决策平衡单是心理学中常用的决策工具，经常被应用于问题解决模式和职业咨询中。当个体面临两难的抉择，不能做出理性的决定时，决策平衡单往往可以帮助我们把决策问题简化。它能够将重大问题的思考方向集中到四个方面：自我物质方面的得失；他人物质方面的得失；自我精神方面的得失；他人精神方面的得失。

决策平衡单的基本思路是协助个体有系统地分析每一个可能的选项，对分别执行各选项的利弊得失进行判断，并依据其在利弊得失上的加权计分排定各个选项的优先顺序，以执行最优先或偏好的选项。其实施的步骤包括：

第一，使用平衡单。为使决策者呈现所有可能的想法，在平衡单中列下你所考虑的 2~3 个潜在职业。

第二，对各维度的利弊得失进行判断。从上面提及的四个考察维度列出你选择职业生涯考虑的因素，对四个方面的正面和负面预期分别进行分析，依据每个因素的得失程度，从 5 至 -5 给分。

第三，对每个考虑因素设置权重。上面各项考虑对每个人的意义并不等值。为了体现出各项目不同程度的重要性，考虑每个选择中这些因素的得失程度，需要对每个项目进行加权计分，权重的设置需要根据自己的实际情况，加权的分数可以采用五点量表，最重要的赋予 5 分，最不重要的赋予 1 分，分别给出数，然后计分。依分数累计得出每一职业选择的总分。

4. 各种选择的等级进行排定

为能够对各选择方案进行合理的综合评估，可以再对平衡单上的项目进行审查。也可以对平衡单上的加权计分再做适当修改，改完之后进行最后加权计分。然后按分数的高低将进行排列，以其优先顺序作为职业生涯决策参考的依据。下面来对举出一个案例来提升大家对平衡单使用过程的理解。

案例：

李辉是国际贸易专业的大四毕业生，临近毕业，他对自己未来的职业选择和发展举棋不定。如果考研，会读金融专业，本地就有很好的大学，但这个专业考研竞争非常激烈，能不能考上很难说；如果直接求职，本科生去银行或投资公司的机会又是很少的，即使有机会，也需要经历残酷的竞争。为此，李辉决定利用生涯决策平衡单，帮助自己做出抉择（表 3-1-1）。

表 3-1-1 李辉的职业生涯决策平衡单

考虑因素		毕业求职			考研		
		得失	权重	小计	得失	权重	小计
个人物质方面得失	就业前景	1	×2	2	2	×2	4
	薪水	4	×4	16	-2	×4	-8
	对健康的影响	-2	4	-8	2	×4	8
	未来展望	2	×4	8	3	×4	12
个人精神方面得失	兴趣发挥	2	×5	10	4	×5	20
	工作对象	-2	×2	-4	3	×2	6
	价值观	0	×5	0	0	×5	0
家人物质方面得失	家庭收入	3	×4	12	-2	×4	-8
	与家人相处的时间	-2	×4	-8	3	×4	12
	与朋友相处的时间	-3	×2	6	2	×2	4
家人精神方面得失	家人支持	-2	×2	-4	4	×2	8
	家人的荣耀感	1	×3	3	2	×3	6
合计				21			68

由上面的平衡单可以看出，李辉对个人价值观、兴趣的发挥等重视程度较高，因此，他在做选择时，可以多考虑这些因素。

第二节　实施与评估

一、职业生涯规划的实施

职业生涯决策制定完成后，接下来就是行动实施了，行动实施是职业生涯规划最为重要的环节。规划毕竟只是计划，而制定计划的目的就是为了行动实施的，如果不对规划进行实施，规划也就失去了存在的意义。大学生应该将职业生涯规划的重点放在实施上，而不是仅仅停留在制定规划本身。

那么，如何才能通过不懈地追求来实现自己的目标理想呢？在职业生涯规划制定好了以后，在实施过程中必须把握好几个方面的内容，即对准差距、把握原则、应对挫折、不断调适等。

（一）对准差距

实现目标的过程实质上也是不断缩小差距、与理想目标零距离接触的过程。对准差距就是将自己的现状属性特征与目标属性特征进行比较，找出二者之间的差距。只有充分地分析目前的状况与实现目标所需要的知识、能力、观念等方面的差距，才能采取有效的行动。

1. 思想观念的差距

思想观念是对人对事的一种价值观，不同的观念会导致不同的行为方式。其中一个重要的内容就是职业价值观。职业目标不同的人，通常其思想观念也是不一样的。因此，大学生在目标追求的过程中要通过学习理解和反复实践来端正和提升自己的职业价值观和思想观念。

2. 知识的差距

一定的目标实现必须具备一定的知识结构和丰富的知识积累。知识储备的不足往往会导致追求目标的失败。大学生的知识结构正处于构建中，因此，要多多储备知识，以促进个体职业目标的实现。与此同时，人的一生精力、时间有限，而知识却是无限更新和发展的，尤其在当今信息化时代，知识更新的速度加快，因此，大学生要树立终身学习学习的观念，这样才能顺应时代的发展和职业目标的要求。

知识的价值在于应用。大学生在大学期间除了需要具有一定的知识储备量之外，还要提高自己的知识应用能力和水平，增强技能素质。只有对准自己在知识量和知识结构上与职业生涯目标的差距，补缺补差，才能具备目标追求的最基本的能力。

3. 能力差距

能力是一个人达到目标的技术手段和方法应用水平，是实践和操作水平的体现。每个职业生涯目标都有与之相适应的能力要求，一般这种能力指的是职业社会能力。要能够胜任某种职业，除了要具有专业技能外，还必须具备基本的能力素质和能力结构。基本能力是指伦理能力、责任能力、交往能力、创新能力、适应能力、想象能力、坚持能力、表达能力分析问题及解决问题的能力、情绪控制能力等。而根据职业或职位的不同，这些能力要求也有所不同。例如对于一个领导者来说，除了具备良好的领导业务水平外，还应该具备领导能力、组织协调能力和决策能力等；如果想成为一名司法工作者如律师，就必须具备法律专业知识应用能力、逻辑思维能力和推理能力、调查实证和分析能力、辩论和表达能力等。

从某种程度来说，能力比知识拥有更为重要和关键，大学生在校期间只有不断完善自己的能力结构，通过专业学习、实践、交往等方式不断提高自己的能力水平，并不断夯实和拓宽自己的基础性能力素质，才能适应职业发展对于能力的要求。

4. 心理素质的差距

心理素质涉及一个人的毅力水平和面对变故和挫折时心理承受能力。美国人类行为学家丹尼斯·维特利博士根据自己多年的研究，认为成就大业者应具备十种心理素质：现实的自我觉察、现实的自我意向、现实的自我尊重、现实的自我修养、现实的自我控制、现实的自我调节、现实的自我期望、现实的自我动机、现实的人际范围和现实的交际能力。心理素质的一个很重要的内容就是情绪智力（即情商），它具体指的是了解自己的情绪，接受、调整自己的情绪，理解别人的情绪，接纳别人的情绪的能力。情绪能力对一个人的行为起到十分重要的支配作用，也直接关系到各种各样人际关系的处理，关系到能否赢得社会关系和社会资本。

（二）把握原则

在追求职业生涯目标的过程中，大学生实施行动要遵循以下五个原则。

1. 自己主宰原则

任何目标的制定都应是自己决定的，被别人所主宰的目标自己是永远也无法达到的。自己确定的目标，要想实现它，在当今社会需要借助自己周围的各种资源和力量，但最终起决定作用的还是自己。通往成功的道路有很多条，但是面对多种选择，最终做出决定的还是自己。因此，作为一名大学生，必须对自己有十分清醒的认识，知道"我"在做什么，爱"我"做的事，相信"我"自己，并努力履行好自己的人生职责和社会责任，在实现目标中完善自我，在完善自我中追求目标。有一位心理学家曾经指出：凡失败者，皆不知自己为何；凡成功者，皆能非常清晰地认识自己。一个失败者无法确定地对情景作出反应的；而成功者，在人们的眼中必然是一个值得信任、可靠、明锐实在的人。只有对自己有清醒的认识，才能成为自己的主人。

2. 循序渐进原则

循序渐进原则是实现职业生涯目标的重要方式。循序渐进原则有三层含义，第一层是在实现目标的过程中先实现小目标和次要目标，再追求主要目标和大目标；第二层是先完成近期目标，再完成远期目标；第三层是先解决较容易实现的目标，再攻克相对较难实现的目标。

大学生要贯彻循序渐进的原则，就必须做到：步步为营，一步一步地走下去；改变拖拉的习惯；学会"化整为零"，层层落实；适当调整进度。

3. 有效行动原则

追求目标时采取的行动要讲究方法，务实有效，以达到对职业生涯规划的有效实施。在职业生涯规划中要做到三个有效：有效的目标、有效的计划和有效的行动。

有效行动指的是行动时要始终围绕目标，控制和把握好行动的方向，使行动不偏离目标，集中力量向目标进攻，排除其他与目标无益的干扰。

在规划实施过程中，为使行动不偏离轨道和方向，就需要检验其是否与短期目标相符，一旦发现不符，就要及时对自己的行动方案进行调整。

3. 有始有终原则

个体要想实现自己的职业生涯目标，还要有始有终、持之以恒、不怕困难。要始终如一地坚持目标，如果半途而废，那就前功尽弃了。在追求目标的过程中，要认识到前进的道路上不可能一帆风顺，可能会出现各种各样的困难和矛盾，这时要迎难而上，而不要畏惧困难，遇到困难就退缩，这样是不能实现目标的。

5. 目标并进原则

目标并进原则指的是在实施职业生涯目标计划的同时，推进人生目标计划；在对待职业生涯子目标群时，要统筹计划，系统处理。坚持目标并进原则，要有很强的统筹能力，比如时间管理能力以及人际关系处理能力，能够灵活的组合结合分解目标。

（三）目标追求危机与挫折应对

职业生涯计划和目标实施的过程出现挫折和困难是很正常的，而困难和挫折的出现也就是目标追求危机，在遇到目标追求危机时不要消极逃避，而要采取积极的对策来化解危机。

1. 目标追求危机的表现

对于大学生来说，目标不合理和选错行业就是目标追求危机的两个表现。

正确的目标是职业生涯成功的基础。目标本身具有动态特点，随着大学生的眼界渐渐开阔，专业知识越来越丰富，可能会有改变之前设立目标的想法，或者想要调整目标方向。在这种情况下，可以有两种选择，第一种是调整自己的行动以适应目标，第二种是调整自己的目标以迎合行动。但必须做的是：重新分析、论证和评估，以免贻误目标的确立和实现或贻误人生发展的机遇。

据有关调查表明，有大约80%选错行业的人，最后职业生涯都是失败的。大学生在选择行业的时候，除了考虑自己的兴趣和性格外，还要考虑自己的专长和特长。因为有的时候可能自己刚开始对一个行业或职业没什么兴趣，但是，在工作一段时间后，有了工作的荣誉感后，也就慢慢喜欢上这个职业了。也可能在自己的不断学习与经验积累的过程中，渐渐发现自己对这个行业还是挺感兴趣的。但是如果在一段时间过后，发现自己确实对行业无法适应，或是在工作中无法得到满足，就要考虑对自己的职业生涯规划进行重新制定了。

2. 应对挫折的方法

在追求目标实现过程中，遭受挫折是每一个人在所难免的。

在追求目标时，每个人都会遭遇挫折，因此，做好应对挫折的心理准备是必不可少的。为了增强应对挫折的能力，大学生要在社会实践和自我教育的过程中，提高自己的心理承受能力，提升自己的心理素质和情绪智力，增强社会化水平和社会适应能力。

在目标追求过程中遭遇挫折时，务必调整心态，坦然面对，理性分析，积极寻找解决办法。

（四）实施的内容

广义地说，职业生涯规划的实施包括职业生涯规划的完整流程，从自我认知、环境分析、目标确定、生涯决策到行动实施、评估反馈等。

我们在这里探讨的是狭义规划实施，也就是职业决策完成后的行动方案实施。

狭义的生涯规划实施是指落实目标的具体措施，主要包括每日、每周、每月、每学期、每学年具体实施生涯规划方案的有效行动步骤。比方说，为达到目标，在学习方面做一个详尽的计划来提高效率达到目标；在个人素质方面，要掌握什么样的技能，来提升自己的职业水平和综合素质；在潜力开发方面，要运用什么样的措施等，在这些方面都要有明确的计划和规划，也便于日后的检查和评估。

二、职业生涯规划的评估

有很多内外因素会影响职业生涯的发展，随着时间的推移，这些因素会发生变化，这时，为确保职业生涯规划的有效性和可行性，就要对职业生涯规划的整个过程做评估和调整，评估与反馈的过程也是对环境不断重新认识的过程，是一种可以使职业生涯规划更加有效的手段，是职业生涯规划的最重要组成部分。对职业生涯设计的评估与反馈主要包括职业的重新选择、职业生涯路线的重新选择、人生目标的修正、实施措施与计划的变更等。

（一）职业生涯规划评估

1. 评估内容

职业生涯规划的评估对象包括规划目标、路径、策略等方面。

（1）目标评估

如果在职业生涯目标的实施过程中发现自己定的目标方向，并非自己真正的兴趣所在，或者与自己想象的差之甚远，那么还朝着原定的方向努力就会感到很痛苦。此时，就要对自己的原定目标进行重新评估，制定更加合理的目标或是重新选择职业。

（2）路径评估

当原定的方向缺少发展前景，或者原定的发展方向超出了自己的能力范围，由或者有更适合自己发展的机会和选择时，都可以考虑对目标和分析进行调整。

(3) 策略评估

在向目标努力的过程中，如果没有收到实际的成效，则可考虑改变行动策略。

(4) 其他评估

当职业生涯目标的实现过程中遇到意外情况，如身体状况不好、家庭成员需要照顾等。为平衡职业、生活与家庭，可以考虑暂时调整一下自己在职业生涯上的规划。

2. 评估方法

评估时，可以根据个人的实际情况采用适当的方法。一是反思法，即通过回顾自己的职业生涯规划实践过程，反思在各个规划环节是否科学、合理、符合自己的情况，计划实施效果如何，还存在哪些问题等等；二是可以将自己的职业生涯规划告诉亲朋好友，邀请他们从旁观者角度审视自己的规划方案及实施的效果；三是在职业上生涯规划时要多比较、多思考、多学习，汲取和借鉴他人的有效方法；四是多观察别人的职业生涯规划，这样有助于认识自己职业生涯规划的不足，并对其进行完善。

（二）反馈与修订计划

职业生涯规划的最后一个步骤是信息反馈。由于原定的职业生涯规划目标与实际总会受到不确定因素的影响而产生偏差。因此，对职业生涯规划的反馈调整是十分必要的，在这个过程中，个体要注意内外环境的变化，不断地进行自我审视和自我调整，修正目标和策略。

1. 反馈与修订的内容

获得反馈信息后，要根据评估的结果进行目标和策略方案的修订，内容包括：职业的重新选择、职业生涯路线的选择、阶段目标的修正、实施措施与行动计划的变更等等。在这期间要谨慎判断，果断行动，以保证职业生涯的健康和顺利发展。

2. 反馈与修订的作用

通过反馈评估和修正，个体可提升对自己强项的信心，更加清楚地了解自己的职业发展机会，了解自己有待改进的地方，并制定合理的计划来对它们进行改进，实施自己的行动计划，取得更加显著的进步，更大的成就。

三、职业生涯规划的实施与评估策略

职业生涯的实施和评估策略主要分为以下四部分。

（一）找一位职业导师

职业生涯规划是一个复杂的过程，个体需要付出自己的全力，但是如果有一位前辈可以从旁指导，就有锦上添花的作用，能够起到事半功倍的效果，个体能够对自己的目标方向更加清楚，更能掌握发展的策略，会有效加速达成目标的进程。

（二）不断自我提醒

把目标放在容易看到的地方，不断提醒自己要坚持不懈。不少人在制定了规划就将其束之高阁，这是导致职业生涯规划失败的重要原因。为使职业规划有效实施，要做到至少每三个月检查一下自己实施职业生涯规划的进度，经常对职业目标进行审视，并根据需要进行适当调整。

（三）有针对地培训

通过课堂培训、自学、实践、辅导、实习方法来对自己需要提高的方面进行培训。并从中找到最适合自己的途径，以达到最高效地缩小与目标的距离。

（四）不断检查和微调

并不是制定完职业生涯规划就可以一心埋头实现了，有时，我们需要根据内、外因素的变化对职业生涯目标进行微调，在外部或内部环境变化大时，还可能对其作出大的调整。因此，要经常对自己的位置和职业环境进行审视，结合市场需求进行变动，以 3~6 个月为周期给自己的规划做一个反馈。

第三节　案例分析

一、案例 A

（一）案例阐述

小刘，男，本科学历，国际经济法专业，通过英语专业八级，在国有

机械制造企业做过两年的外贸跟单,目前(近两年)在外资五金零售商某办事处做采购。

由于小刘毕业后进的公司是一般国有企业工资不高,工作内容主要涉及生产计划、跟单和部分外销,与目前的公司业务有一定的相似性,因此跳到了这个公司。

但是目前公司虽然是外资代表处,在业务上却只和江浙一带的小型制造企业打交道,主要负责采购和出口物流。小刘觉得公司太小,管理上不规范,工资虽然高一点,但提升空间小,且福利不够完善。

小刘想进一个管理规范的大型企业,但是目前所经历的都是一些小型不规范的公司,所做的工作也与大型企业的流程有很大差距,不知道该如何进大企业,这是小刘的困惑。

(二) 案例分析

在与小刘多次沟通后,我们了解到小刘虽然语言表达能力较强,但是在考虑问题和思路方面比较主观和固执;在职业选择和工作中,小刘决策能力很弱,优柔寡断,想法很多,行动力差;由于受到家庭环境的影响,小刘主动性很差,在生活和工作中依赖性很强;此外,小刘在与人沟通时会使用不好的肢体语言。小刘的优势是较强的语言表达能力和良好的职业形象和职业气质。借助权威的职业测评系统,我们对小刘的职业兴趣、职业能力等方面作出评估,并将测评结果与职业顾问的评价相结合,据此,职业咨询给了小刘如下建议:

虽然从小刘与人交流、交往的活跃程度上来看,其给人的感觉很外向,但是其个性是偏于内向的,这也是其思考和做事方面有些固执的原因。小刘具备很强的逻辑分析能力,做事有计划、有条理性、注重系统的整体性。此外,小刘在做事时都是经过一步一步的计划完成,非常谨慎。这也都是小刘的优势。

在对小刘的职业经历和潜在优势综合,我们认为小刘适合一个规范系统的工作环境。适合从事与机械五金相关的职业,如机械制造、电子等大型外资和合资企业的物流方面的工作。

我们对小刘的简历撰写和内容安排进行了专门指导,使之在简历中突出与物流相关的工作经历和工作的计划性和协调能力,使用这个简历求职的小刘很快就收到了某知名企业物流职位的面试。

在对小刘面试的指导过程中，帮他调整好心态，提示他在面试时注意自己的肢体语言，帮他理顺回答问题的基本思路。经过这些指导，小刘顺利通过了第一轮面试，接到了复试通知。获得复试的小刘非常激动，并再次通过了第二轮面试，又过了几天，小刘接到了公司录取他的正式通知，接到通知的那一刻，小刘十分兴奋，他说："当时的感觉像拿到高考录取通知书一样，十分激动。"在小刘自身的努力和我们的帮助下，小刘终于找到了适合自己位置，进入了梦寐以求的公司。

二、案例 B

（一）案例阐述

俗话说"男怕入错行，女怕嫁错郎"，由此可见，职业选择和职业规划在我们的生活中是十分重要的。评价一份工作是否适合自己，要考虑因素有很多，如自己所学的专业知识、自己的职业兴趣、个性特点、职业能力等。除此之外，自己的职业目标、职业价值观与企业文化是否吻合也是要特别考虑的因素，在一个与企业文化与自身价值观不吻合，甚至有冲突的企业里工作，内心会很受煎熬。然而，在当今社会，太多人为了工作而工作，丝毫没有希望和激情；还有一种情况就是，虽然有的人对所从事的工作很感兴趣，工作很有激情，却由于能力不足，或者本身性格不适合而常常感到力不从心；有的人希望有更好的职业发展，转换一个职业平台，却无处可寻。

小李今年 26 岁，从机电工程专业毕业，三年的职业生涯中他已换了六份工作，并且每份工作的时间越来越短。第一份是做的最长的，干了一年两个月，是一家日资企业工程师；第二份干了七个月，是一家民营企业的技术员；而在今年的 9 个月内，他换了四份工作，包括市场推广、计算机程序员、工厂电工等，而最后一份工作仅仅干了一个星期就辞了。他感到很是苦恼和迷茫，不知道自己适合的职业是什么，在人才市场搜寻招聘信息和投简历也没有方向。他意识到自己急需一个全面的职业规划，这样下去只是在浪费青春。

（二）案例分析

在和小李深入交谈后我们了解到，小李当初报考机电工程专业完全是家人的安排，自己对技术工作实际上并没有任何兴趣，因为毕业后找工作也没有别的选择，所以只好选择与专业相关的技术型工作。

在对小李进行全面的职业测评后，发现小李的确无法对具体的、重复的、习惯性的技术型工作提起兴趣。他比较乐于助人，喜欢与人打交道，适合客户服务、人力资源等常常与人沟通的工作。

此外，测评还显示，对于自己所从事的职业，小李最关心的是培训机会、升迁机会以及工资、福利待遇等方面。因此，顾问建议小李在选择职业时，除了考虑职业能力、个性等因素外，还要充分考虑个人职业目标、企业环境、职场心态等因素。

三、案例 C

（一）案例阐述

由于在多数情况下，人们对所从事的职业不满意和不确定是由于心态导致的，所谓"这山望着那山高"，总觉得别的职业比自己的职业要好。因此，个人在对职业目标产生迷茫时，不要急着重新选择职业，而要首先对自己的心态做出必要的调整。如果确实要对职业做出调整，最好在专业人士的指导下进行。

小王从财经学院工商财务管理专业毕业，本科学历。毕业后的两年多一直都在一家中外合资公司的从事财务工作，但小王一直觉得自己不喜欢财务工作，后来开始干起了销售，但是一段时间后又发现，销售也并不好做；而后在朋友的介绍下，去做了网站编辑；但是没做多久就发现自己也并不喜欢这个编辑工作。经过这些波折，小王仍然不知道自己喜欢和适合的职业是什么样的，感到十分迷惘。

（二）案例分析

小王的案例很典型。工作时间在五年以内的职场人士，对自己的职业目标不确定，没有确切的职业规划，总想尝试一些新的工作，最后觉得很多工作都不是自己想的那样，于是对自己的职业选择感到更加困惑。要解决这个问题其实很简单，只需要对如下两个问题做出认真的思考即可。

第一，自己最擅长的专业是什么？

小王的专业是工商财务管理，在刚毕业没有什么工作经验的情况下，其唯一能做的就是财务类工作，选择做财务类工作其实是很明智的，也是最保险的。

其二，自己最想做什么？

受多种因素影响，大部分人可以做或者正在做的工作，并不是真正适合他们的，而且，从职业顾问的角度分析，一个人可以做某份工作，并不一定就是适合这个人的工作。

以小王为例。在小王对自己能做的感到厌倦，想重新选择职业时，他就要对自己究竟要做什么有深刻的考虑。而这个"想做"并不是主观的简单想法和愿望，它包含两方面的因素，一方面是个人因素，另一方面是社会因素。个人因素包括个人的兴趣爱好、生活环境、适应能力等；社会因素包括自己希望做的职业社会需求量、发展潜力以及未来竞争力等等。咨询者需要具有相当丰富的经验的阅历才能综合考虑这些因素并给出合适的建议。因此，在个人对自己职业生涯的规划，一定要在专业人士的指导下进行。

第四章 当前就业形势与政策

就业形势的好坏，关系着大学毕业生的就业选择；就业政策为毕业生的就业选择提供了方向。了解当前的就业形势与政策，是实现顺利就业的重要保障。本章主要围绕大学生就业的制度与政策，形势与市场，以及专业发展与就业趋势分析进行具体的阐述。

第一节 制度与政策

一、大学生就业制度

目前，我国已建立起"双向选择、自主择业"的大学生就业模式。了解大学生就业制度，有利于毕业生正确掌握就业的方针、政策、原则及有关规定和具体实施办法。

经过长期的分析与研究，我们将大学生就业制度做出了总结，主要归纳为以下六个部分。

（一）国家公务员制度

社会主义市场经济体制的建立，要求政府转变政府职能。为了适应政府职能的转变，我国实施和推行了《国家公务员制度》。我们或多或少地了解到，国家公务员是指各级国家行政机关中除工勤人员以外的工作人员。现代公务员制度，包括录用、晋升、退出、工资激励、权利保障等机制。建立国家公务员制度，有利于调整干部结构，提高机关工作人员的政治、业务素质，不仅如此，还会在一定程度上推动其他机关以及企业、事业单位的人事制度改革。

我国公务员制度具有鲜明的特点，即具有科学的激励竞争体制，具有勤政廉洁的保障体制，具有健全的法律法规体系。公务员考试可以是全国性的，也可以是地域性的或者部门性的。

我们将建立国家公务员制度的目标任务总结为以下三个方面。

1）初步建立起以《国家公务员法》为核心的法规体系。

2）推行公务员制度要与机构改革、工资制度改革同步进行。

3）基本建成国家及地方行政学院，形成以行政学院为主体的公务员培训网络。

（二）劳动合同制度

我们都清楚，我国现行的劳动合同制度是一项具有重要意义的法律制度，是根据《中华人民共和国劳动法》确立的。劳动合同法是实现劳动力资源的市场配置、维护劳动关系和谐稳定的重要法律制度。目前我国在劳动用工中已经普遍推行劳动合同制度。《中华人民共和国劳动法》是1994年由全国人大常委会审议通过的，并自1995年1月1日起实施。同时，与劳动合同制度有关的法规政策体系也初步形成。与劳动合同制度有关的配套规章和政策主要有《关于实行劳动合同制度若干问题的通知》、《违反和解除劳动合同的经济补偿办法》、《关于实行劳动合同制度若干问题的通知》、《企业经济性裁员规定》等。

其实，我们不难看出，通过订立劳动合同的形式建立劳动关系，使劳动关系双方真正成为平等主体，实现了"双向选择"，为培育和发展劳动力市场创造了条件。

（三）职业资格证书制度

我国在特定行业实行就业准入制度。我们或多或少地了解到，实行就业准入的职业范围是由人力资源和社会保障部确定并向社会发布的。职业资格证书是表明劳动者具有从事某一职业所必备的学识和技能的证明。实际上，我国职业资格证书共分为以下五个等级。

1）初级，也就是国家职业资格五级。

2）中级，也就是国家职业资格四级。

3）高级，也就是国家职业资格三级。

4）技师，也就是国家职业资格二级。

5）高级技师，也就是国家职业资格一级。

（四）人事代理制度

人事代理制度是指政府人事部门所属的人才交流服务机构，依据国家有关规定，接受用人单位或个人的委托，对其人事业务事宜实行集中、规范、统一的社会化管理和服务的一种人事管理方式。由此，我们不难看出，该制度的实施为毕业生到非公有制企业就业解决了后顾之忧。我们将人事代理机构的主要职责总结为以下六个方面。

1）为企业接收高校毕业生接转、托管人事档案、考核档案，办理就业、转正定级。

2）为委托代理人员计算工龄、调整档案工资。

3）办理集体户口落户手续。

4）代办专业技术职称申报评审手续。

5）办理流动人员的人事接转手续及因私出境的政审。

6）党团组织关系的接转及管理。

（五）大学生就业管理体制

大学生就业管理是高等学校管理系统中的重要组成部分之一，很显然，它与我国的经济体制改革相适应。目前我国的高校毕业生就业管理体制已初步完成由条块分割向条块有机结合的转化，以中央和地方两级管理、地方管理为主的新的高等学校管理格局已经形成。按照现行高校毕业生就业管理体制，毕业生就业采取在政府宏观调控下，以市场需求为导向，实行分级负责、相互调剂的方法。

2001年，我国成立了由政府主管领导牵头、有关部门参加的领导协调机构，成立该机构的主要目的是统筹做好高校毕业生的就业工作。高校毕业生就业的职能部门共分为以下五个等级。

1）教育部。

2）国务院有关部委。

3）各省、直辖市、自治区。

4）高等学校。

5）用人单位。

（六）报到证制度

提到"报到证"，想必我们并不陌生。它是全国普通高等学校本专科毕业生就业报到证的简称。它对于普通高等学校的毕业生来讲，具有十分重要的意义。它是普通高等学校毕业生持有的有效证件，只有列入国家就业方案的毕业生才持有，是用人单位安排毕业生工作并接转毕业生人事档案、户口的有效凭证。报到证对于毕业生只能一人一份，报到期限为一个月。报到证是教育主管部门正式派遣毕业生的凭证，是毕业生到用人单位报到的凭证，是用人单位给毕业生落户、接管档案的重要凭证和依据。如果毕业生没有及时领取报到证或领取报到证后未按时到单位报到，那么后果将十分严重，需要引起每一位毕业生的高度重视。

二、大学生就业政策

中央以及省、市各级党委政府制定了许多关于推进毕业生就业的制度，形成了引导和鼓励高校毕业生到基层、艰苦地区就业的一系列明确的就业方针，除此之外，还形成了较为完善的就业制度。

经过长期的分析与研究，我们将大学生就业的政策做出了总结，主要归纳为以下五个方面。

（一）鼓励和支持高校毕业生到西部地区或欠发达地区工作的方针

对原籍在中、东部或发达地区的毕业生到西部或欠发达地区工作的，实行来去自由的政策，由政府主管部门所属的人才交流机构提供免费人事代理服务，并根据实际情况可提前定级或适当提高工资标准。

（二）鼓励和支持高校毕业生到农村基层参与支教、支农、支医、扶贫、基层挂职锻炼等工作方针

毕业生经过基层锻炼，根据工作需要从中选拔优秀人员或到县、乡（镇）机关和学校或事业单位担任领导工作，或充实到基层金融、审计等部门，除此之外，还明确规定了以上单位的领导和专业工作岗位人员都至少具备大学学历，还要具有相关专业证书。

（三）增大和支持毕业生到非公有制单位就业和自主创业、灵活就业的政策

公安机关要放宽到非公有制单位就业的毕业生的集体户口审批条件，及时办理落户手续；用人单位要与毕业生签订劳动合同，保障其合法权益；对从事个体经营和自由职业者提供灵活就业的劳动和社

保险政策，为灵活就业人员提供帮助和服务；对自主创业的毕业生，银行、工商和税收部门要简化审批手续，而且要在贷款、税收等方面给予照顾与支持。

（四）增大人才合理流动的政策和落实企业用人自主权的政策

增大用人单位根据实际需要多招聘高校毕业生，取消对接受高校毕业生收取的城市增容费、出省（市）费等不合法的收费政策，省会以下城市要放开对吸收高校毕业生落户的限制，省会及以上城市也要根据需要，积极放宽高校毕业生就业落户的规定，简化有关手续。

（五）建立毕业生失业登记政策

有些高校毕业生在9月1日前还没有就业，其中有一部分人有就业意愿，那么可持学校证明到入学前户籍所在城市或县劳动保障部门办理失业登记。对于因患病等原因短期内无法工作且无生活来源的，由民政部门予以临时救济。

第二节 形势与市场

一、大学生就业的形势

随着社会的进步，教育体制改革的深入，我国高等教育的办学规模日益扩大，体系结构日趋完善。毫无疑问，认清大学毕业生当前就业的形势是十分必要的。下面，我们主要围绕大学生就业面临的有利形势与不利形势进行具体的阐述。

（一）大学毕业生就业面临的有利形势

经过长期的分析与研究，我们将大学毕业生就业面临的有利形势做出了总结，主要归纳为以下八个方面。

1. 我国经济的快速发展提供大量就业机会

相关专家明确地指出，我国国内生产总值每增加一个百分点，就会提供80至100万个就业岗位。通过查阅相关的统计资料，我们能够看出，"十五"期间，我国国内生产总值以年均9.5%的速度增长。《中华人民共和国国民经济和社会发展第十一个五年（2006—2010年）规划纲要》明确要求，"十一五"期间，国内生产总值年均增长7.5%。从执行情况来看，"十一五"期间，我国国内生产总值年均增长速度达到10%以上。很显然，我国经济的快速发展为大学毕业生创造了大量的就业机会。

2. 大学毕业生所占比例较少

通过查阅相关的统计资料，我们不难看出，我国受过高等教育的人数所占比例很少，仅为5.7%。而发达国家受过高等教育的人数所占比例较多，约占30%~50%。其中，美国所占的比例最高，约为60%；日本、韩国占30%。不发达国家占8.8%，显而易见，我国没有达到不发达国家的受高等教育的平均水平。由此，我们可以分析出，我国目前并不存在大学毕业生多得分不出去的问题，仍属人才奇缺的国家。

3. 高新技术企业对高新技术人才有很大需求

我们或多或少地了解到，知识经济成为现今世界经济发展的主流。高新技术企业在我国飞速发展，使得对高新技术人才的需求量逐步增加，因此与高新技术有关的毕业生在人才市场上非常紧俏，如计算机应用、计算机软件、通信工程等专业在需求量排名中名列前茅。各地区、各行业目前都在积极吸引高新技术人才，争相提供优厚条件，为其创造良好的工作、生活和学习环境。

4. 非公有制经济单位对高校毕业生有很大需求

我们都清楚，非公有制经济是社会主义市场经济的重要组成部分。随着社会的不断进步，非公有制经济也有了快速的发展，并在国民经济中占有越来越大的比重。非公有制单位对人才的需求也越来越受到毕业生的重视。特别是东南沿海等广大较发达地区的非公有制经济迅速增长，对高校毕业生的需求急剧增加。

5. 西部大开发战略为高校毕业生就业提供了新的舞台

西部大开发战略和振兴东北老工业基地战略是我国的跨世纪发展战略。其实，我们不难看出，西部地区的生态重建、资源开发和城市化进程，东北老工业基地的建设，需要大批德才兼备的人才。同时，西部和东北老工业基地也出台了一系列人才引进政策，毫无疑问，这样做的目的主要是为了吸纳相应的人才。

6. 大学毕业生就业市场已经初步形成

以各高校为主体的校园招聘活动已经具有一定的规模，高校就业信息网开始发挥积极作用。随着高校毕业生就业制度改革的深化，有关毕业生就业的问题将会得到解决，比如供需信息渠道不通畅、信息量不足等。与此同时，毕业生就业指导越来越受到重视，很多高校陆陆续续地开办讲座，开设就业指导课程，不容置疑的是，这能够在很大程度上帮助毕业生的成功就业。

7. 我国社会对知识和人才的重视程度有所提高

根据我国国民经济和社会发展的要求，我国经济建设将转移到主要依靠提高劳动者素质的轨道上来。我国中小企事业单位技术管理人才奇缺，严重制约其发展步伐。许多单位超编严重，但高层次人才和技术人才奇缺，科技创新能力不强，企业竞争力低下。因此，企事业单位对"质量就是生命，人才就是效益"已逐步达成共识，"尊重知识，尊重人才"已在我国蔚然成风。由此，我们能够看出，高校毕业生有了越来越多的用武之地和广阔的发展前景。

8. 国家制定有关政策来调节就业压力

人力资源和社会保障部、教育部也下发通知，就应对经济形势及做好毕业生就业工作提出要求，主要表现在落实五个计划和五项政策。

（1）五个计划包括以下五个部分。

　　1）西部志愿者服务计划、地方政府欠发达地区志愿者服务计划。

　　2）三支一扶计划。

　　3）农村教师特岗计划和农村教育硕士计划。

　　4）大学生村官计划。

　　5）社区大学生工作者服务计划。

（2）五项政策包括以下五个部分。

　　1）助学贷款代偿政策。

　　2）自主创业优惠政策。

　　3）大学生到基层就业后的升学、考公务员加分政策。

　　4）大学生到基层、非公有制企业的工龄、劳保福利政策。

　　5）对中西部实行周转编制的政策。

(二) 大学毕业生就业面临的不利形势

经过长期的分析与研究,我们将大学毕业生就业面临的不利形势做出了总结,主要归纳为以下四个方面。

1. 高校扩招致使每年毕业的大学生数量逐步增加

每年的高校毕业生人数都有所增加,但是市场需求已经趋于饱和,这样一来,供大于求的矛盾就出现了。通过查阅相关的统计数据,我们不难看出,2002年,全国高校毕业生人数为115万;2012年,全国高校毕业生达到680万,在这十年间,全国高校毕业生人数增加了好几倍。在这期间,我国的GDP一直稳定在8%~9%的增长速度,这就导致了严重的供需不平衡,大学生的就业形势空前严峻。

2. 财力的投入不足造成大学生的质量下降

在过去10年,政府对高等教育投入的经费增长了3.5倍,其他方面的经费增长了36倍。在这段期间,高校大学生入学人数增长了5倍,硕士研究生人数增长了6倍,博士研究生人数增长了3.5倍,而教师人数只增长了2倍。因此,由于教育投入的经费不足,师资力量不能满足时代发展的需要,从而在一定程度上降低了学生的质量。

3. 大学生就业观念陈旧

大部分大学生在上大学时不务正业,总是在课堂上睡觉,玩游戏,谈恋爱等。大学四年,不务正业的学生找工作很困难。而学习成绩好的学生找到对口工作的也是少数,产生这种现象的原因是这些学生平常只顾读书,学习理论知识,而没有与实践相结合,缺乏社会经验。这些消极的现象能够充分地体现出大学生就业难的主要原因在于自己。国有大中型企业过去一直是我国大学毕业生就业的主渠道,但现在已被民营企业、基层单位和广大农村等所取代。但是,目前依旧有一部分毕业生抱着所谓的"铁饭碗"不放,非机关事业单位不去,非国有大中型企业不去,非高工资不去,使得大学生错过了许多真正适合自己的单位,加剧了就业形势的严峻。

4. 教育结构错位导致大学生就业难

据悉,有的公务员岗位是从几百个大学毕业生中录取一个;而有的用人单位认为很难招聘到合适的员工。我们都知道,现在的大学教育是"择高分录取",分数之外的成绩总是被无意间忽略掉。这种录取方式具有很大的局限性，因为它对学生的评价存在片面性，缺乏公平性。大学毕业生的就业难能够充分地反映出学校教育评价标准的错位。

二、大学生就业的市场

大学生就业市场已成为毕业生与用人单位进行双向选择的重要场所。其主要职责是为高校毕业生举办各种类型的双向选择会、洽谈会，为用人单位提供招聘服务等，分别满足高校毕业生与用人单位的需求。

（一）大学生就业市场的类别

我们将大学生就业市场的类别做出了总结，主要归纳为以下两个方面。

1. 有形市场

有形市场，是指有其固定场所、地点、举办时间及特定对象参加的，在某一时间内把用人单位与毕业生组织在某一场所，为双方进行交流和双向选择提供的就业平台，主要包括以下四种。

（1）以学校为主体单独举办的毕业生就业市场

该就业市场包括招聘会、供需见面会等形式。其实，我们不难看出，这种就业市场能带来一些好处，如邀请的用人单位有很强的针对性，与高校形成固定用人关系等。

（2）学校联办的毕业生就业市场

该就业市场是指由两所及以上高校联合举办的就业市场，包括集中各高校用人单位的资源，市场规模大，招聘涉及的专业较齐全等特点。举个简单的例子来讲，教育部每年的12月都会举办在上海的几所重点高校联合举办毕业生双向选择会，对整个华东地区产生了较大的影响。因此，该就业市场招聘质量较高，就业市场的效能也较高。

（3）企业的专场招聘会

企业的专场招聘会是由用人单位来高校以招聘本企业所需人才为目的而举办的小型招聘会。这种招聘会的举办方通常为知名企业、跨国公司。该类型的就业市场的特点为：目的性强，招聘效果明显。

（4）地区性、区域性的就业市场

该就业市场是指地方教育主管部门举办的，为本地毕业生就业服务或为本地用人单位招聘服务的就业市场。该类型就业市场的优点主要体现为：能准确反映本地区的人才需求趋势。

2. 无形市场

无形市场没有固定的场所和地点，由用人单位和毕业生自主地选择，通过某种媒介和交互平台进行交流和沟通。高校无形市场的发展速度极快，日益占有举足轻重的地位。无形市场利用互联网技术建立起各类就业网站，为大学生就业市场提供了更宽阔的发展领域。这种市场为高校毕业生与用人单位提供了极大的便利，使就业的效率有了很大程度上的提高。

（二）大学生就业市场的特点

我们将大学生就业市场的特点做出了总结，主要归纳为以下七个方面。

1. 群体性

我们都清楚，我国每年都有大量的大学毕业生步入社会。显然，他们是一个群体，不是彼此孤立的、分散的。因此，大学生就业市场的特点之一就是群体性。

2. 时效性

毕业生一般从每年7月1日起离校。在此之前，大多数毕业生应落实到具体单位，具有强烈的时效性。

3. 初次性

毕业生初出校门，而且他们大多都是初次就业。因此，大学生就业市场具有初次性。

4. 形式多样性

实际上，毕业生就业市场存在许多形式，既有有形的，也有无形的；既有规模大的，也有规模小的；既有综合的，也有分类的；等等。

5. 需求多变性

随着社会政治与经济的不断发展，大学生就业市场的需求也日益发生改变，需要引起我们注意的是，其供求关系是无法通过自身调节的。

6. 年轻化

大学毕业生均处于青年阶段，他们掌握的知识也是社会所需要的。年龄和知识均具有蓬勃的朝气和锐气，是社会的新生力量。

7. 高层次

相比较而言，大学毕业生是层次较高、素质较好的专门人才，他们的能力也相对较强。

总之，毕业生要根据自身的情况，选择不同的市场来择业。在这里，需要强调的是，毕业生在就业市场中择业时，必须明确自己的权利和义务，应紧密结合个人的意愿与国家的需要。

大学毕业生一定要有一个正确的认识，即市场是无情的，竞争是激烈的。一旦进入市场，就是一场竞争，因此，要培养自己的危机意识，不可掉以轻心。

（三）大学生就业市场的运行机制

大学生就业市场作为劳动力市场的一个分支，是市场经济体系的重要组成部分之一。

经过长期的分析与研究，我们将大学生就业市场的运行机制做出了总结，主要归纳为以下三个方面。

1. 价格机制

我们或多或少地了解到，劳动者之间的劳动能力在量与质方面均存在差异。在商品货币的关系下，对劳动力价值的判断要通过劳资双向选择的市场这一途径来实现。

2. 竞争机制

市场与竞争是一对"兄弟"，关系紧密，不可分离。当然，劳动力市场也存在竞争。劳动者个体为了能够找到适合自己的工作，会与他人进行竞争。而需求方为了招聘到能满足自己需要的劳动力，相互之间也会有竞争。通过竞争，劳动力市场就会被引导至一个积极的方向，实现劳动力的优化配置。

3. 调节供求平衡机制

劳动力的供求同商品一样，是在一定幅度内波动的。在一段时期内，劳动力在地区、企业、部门和岗位之间的配置趋于平衡，产生这种现象的主要原因是因为价值规律在劳动力市场上起到了作用。

（四）大学生就业市场的现状

经过长期的分析与研究，我们将大学生就业市场的现状做出了总结，主要归纳为以下三个方面。

1. 需求不平衡

随着我国各项改革的深入，社会对大学毕业生的需求有所增加。但仍存在不平衡的现象，主要表现为以下五个方面。

（1）学历之间

社会对毕业生学历层次的要求越来越高，对高层次的复合型、外向型和开拓型人才的需求有所增加。

（2）学科专业之间

随着高新技术产业的发展，对计算机、电子、自动化等学科的毕业生需求日益增加，而社会学、农学等专业的社会需求却不太稳定。

（3）院校之间

"名牌"效应呈现出优势。很多用人单位都喜欢聘用"名牌"院校的毕业生，因此，这些大学的就业率比其他大学要高很多。

（4）用人单位之间

近年来，国有大中型企业对大学毕业生的需求越来越少。政府机关及事业单位的用人指标有限，难以接收大量毕业生。而民营企业、高新技术产业等对大学毕业生的需求却呈上升趋势。

（5）地区之间

由于东南沿海地区对人才的需求量很大，呈现出供不应求的局面。中西部地区的需求由于西部大开发战略的实施，近年来逐年回升，而一些经济欠发达地区对人才的需求量与其他地区相比明显不足，这也是这些地区出现供过于求现象的主要原因。

2. 以高校为基础的毕业生就业市场基本形成

由于市场规则的不完善，各类人才市场的签约率较低。而学校常年与用人单位联系密切，供需双方专业相对对口，使得学校的就业市场签约率较高，因此，以学校为主体的就业市场受到了毕业生和用人单位的普遍欢迎。由此，我们可以看出，这标志着以高校为基础的毕业生就业市场已经基本形成。

3. 就业管理工作进一步规范化

目前，我国大学生就业市场的就业管理工作变得更加规范，主要表现为以下四个方面。

(1) 市场机制在毕业生就业工作中的作用日益显著

公平竞争、优胜劣汰得以充分体现，公开、公正、公平竞争的择业氛围逐步形成。

(2) 学校就业指导体系的建立

显而易见，各学校的就业指导正在向专业化方向迈进，即通过就业指导的专业化使就业指导的水平得到提升。

(3) 就业关系合同化

就业关系合同化是指用人单位录用毕业生后，必须签订就业协议。这反映出毕业生就业工作日益规范化。

(4) 毕业生就业市场正从传统管理模式向现代化管理模式转变

各高校积极创造条件，努力为毕业生提供网上信息交流和服务。就业指导的手段正在向信息化、网络化迈进。

（五）大学生就业市场的发展趋势

我们将大学生就业市场的发展趋势做出了总结，主要归纳为以下五个方面。

1. 宏观调控将进一步加强

国家为了让毕业生能够积极地去国家最需要的地区与单位就业，将会采取一些措施，如加强宏观调控的力度等。

2. 无形市场加快发展

随着信息技术的不断进步，择业自由度的增大，无形市场越来越显示出在择业方面的巨大活力。许多学校为了让用人单位与毕业生的双向选择更加方便，建立了就业信息网络。

3. 供求形势发生变化

市场逐渐由"卖方市场"转变成"买方市场"，这样一来，便使就业的竞争更加激烈。另外，有些专业的人才供过于求，使得就业十分困难。

4. 就业市场功能更加完善

大学生就业市场还应具有就业指导和服务功能，也就是说，其功能将日趋完善。

5. 就业市场更加规范

随着社会主义市场经济的发展，大学生就业市场将会朝着规范化、法制化的方向迈进；就业市场将常年开放，并与其他人才市场结合起来，优势互补。

（六）大学生应对就业市场变化的策略

经过长期的分析与研究，我们将大学生应对就业市场变化的策略做出了总结，主要归纳为以下四个方面。

1. 从思想上彻底认清就业形势

如今，人才市场上真正招聘的企业不多，因此，大学生很难找到一份称心如意的工作。在这种大背景下，大学毕业生最好认清就业形势，别再做"我要薪水再高点"、"我要福利更好些"、"我要干活不累"之类的美梦了。由此，我们不难看出，大学生只有做到适应市场需求，把握好时机，才有可能就业成功。

2. 充分认识自身的价值

企业为什么花钱雇佣你，而不是你的同学？愿意花多少钱雇佣你？这些都取决于你的经验和能力，你能为公司创造多少价值？企业的天职是创造利润，如果雇佣你不能产生剩余价值，即你不能为企业创造利润，或者不能创造足够的利润，即使你能胜任这个岗位，企业也不会雇佣你。大学毕业生在人才市场上，就是商品，用人单位就是消费者。能否把自己卖出去，卖多少钱，取决于你"值"多少钱。客观评价自己，认识自身的价值，给自己标上合理的"价格"，才会顺利找到"买家"。

3. 给自己快速而准确的定位

准确定位，也就是要明确自己到底找什么样的工作，可以帮助你在茫茫人才市场中，节约找到工作的时间、精力、金钱和机会成本。通过扫描人才市场，看准人才需求的风向标，结合自身状况，快速而准确地找到自己的切入点和着力点，力争使自己的求职择业达到运筹帷幄，事半功倍之境界。

4. 切忌被薪资待遇左右自己的选择

找到一份薪水高且又是自己喜欢的工作，那自然是好事，但不要让薪水待遇左右你的选择。人才市场的劳动力价格，会受供求变化和各种客观因素的影响而波动。大学生找工作，应顺应市场变化，做出明智的选择。找一份与自己的兴趣、特长相一致，具有高经验价值的工作，远比单纯的薪水收入高更有意义，因为，经验是财富的源泉。

三、大学生的就业流程

高校应届毕业生的最后一学年的第一学期通常是就业准备时期，第二学期，进入就业行动与就业派遣时期。

1）就业准备。学校将对毕业生开展就业指导活动、就业指导选修课，向毕业生介绍全国和当地高校毕业生就业的状况、形势等内容，使毕业生提高就业相关的能力，提高心理素质。

2）就业行动。该阶段通常在寒假前后一个月左右。毕业生通过社会发布的就业信息参加就业招聘活动，参加用人单位的面试和笔试，与用人单位签订就业协议书等。

3）就业派遣。显然，这是大学生就业的最后一个流程。通常在这一阶段，毕业生与用人单位已经签订了就业协议书，学校将据此来制订本校毕业生的就业建议方案，上报地方就业主管部门和教育部，地方就业主管部门或教育部审批后下达该年的高校毕业生就业方案。毕业生离校前，学校向毕业生核发就业报到证，户口迁移等有关手续，毕业生根据就业报到证上的信息，到录用单位报到就业。

（一）应届毕业生就业年历

为了让读者更加清晰地了解应届毕业生的就业年历，我们将其制作成了表格，如表4-2-1所示。

表4-2-1 应届毕业生就业年历

时间/月份	择业阶段	主要工作内容
8～9月	基础准备	择业中所有个人佐证材料的整理与收集，包括获奖证书、发表论文或作品等
10～11月	就业信息收集	（1）信息表格的填写； （2）了解就业政策； （3）分析各种就业形势； （4）锁定就业意向
11月	择业前准备	（1）提高个人的就业能力，了解相关的法律法规； （2）准备个人自荐材料； （3）准备面试需要穿的正装等

续表

时间/月份	择业阶段	主要工作内容
12月~下年1月	第一择业高峰	应用获得的就业信息,开始有针对性地择业应聘
1~2月	调整	反思择业中的得失,调整择业心态,完善自己
3~5月	第二择业高峰	再次为择业成功而努力。这一阶段也是考研失利的同学择业的最佳时期
6~7月	就业准备	根据已确定的职业要求,做好岗前准备,办理离校手续

(二)毕业生就业工作流程

为了让读者更加清晰地了解毕业生就业工作的主要流程,我们将其制作成了图4-2-1。

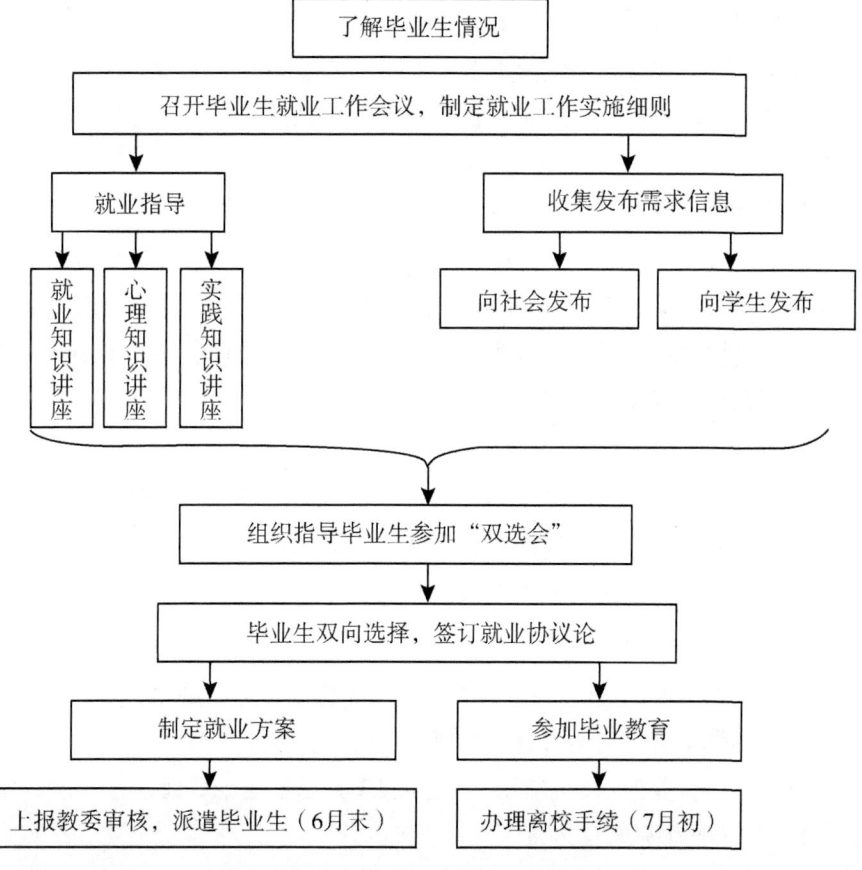

图4-2-1 毕业生就业工作主要流程

四、大学毕业生的主要就业形式

经过长期的分析与研究,我们将大学毕业生的就业形式做出了总结,主要归纳为以下五个方面。

(一) 即时就业

即时就业,是指毕业生毕业前通过学校推荐,参加各种招聘会和人才交流会,签订就业协议,在毕业的同时就实现了就业。

国家把一次性就业率,也就是即时就业的比率,作为考核学校办学水平和教育质量的重要指标。各高校都在努力向用人单位推荐毕业生,为毕业生提供更多的择业机会。毕业生应抓住机会,即时就业。

大学毕业生在即时就业时,要注意以下三个方面的内容。

1. 回报国家、社会、家庭

国家、社会和家庭为大学生求学提供了必要条件,大学生特别是家庭困难的大学生,完成学业后应自食其力、即时就业,从而回报国家、社会和家庭。

2. 更新就业观念

外企、机关、科研院所需要人才,基层更需要人才;效益好的单位需要人才,效益不好的单位更需要人才。因此,毕业生的就业观念十分重要,一定要树立基层意识、事业意识、奋斗意识、奉献意识。不断进取的精神能够在很大程度上影响毕业生的事业道路。

3. 提高自身竞争力

在一般情况下,用人单位比较愿意聘用应届毕业生。有些毕业生在毕业时没有即时就业,用人单位就会对这些毕业生的能力、择业观念产生质疑,这样一来,毕业生的竞争力就会大大降低。

(二) 延时就业

毕业生在毕业离校时,由于各种原因而没有就业,即视为延时就业。延时就业的学生可以先回家庭所在地,继续寻找就业机会。

造成延时就业的原因有很多,主要表现为以下三个方面。

1. 毕业生自身定位不准

有些条件较好的毕业生在择业时,不能及时调整就业期望值,以致造成就业困难，悔之不及；有些毕业生的心态很不好，总是认为自己一定要找一个比别人更好的单位，否则就无法实现自身的价值，这样一来，便错失了良机。

2. 不够重视，耽误择业时机

一部分毕业生认为工作很好找，便没有参与就业竞争，因此，他们就错过了最佳的择业时机。还有些毕业生还想到处玩，认为毕业后就立刻工作很无聊，这样一来，就成了"啃老族"。

3. 心理承受能力差，放弃努力

择业本身就是一场竞争，因此，毕业生一定要有随时遇到瓶颈的心理准备。有些毕业生因一次或几次择业未被录用就丧失信心，放弃继续努力，造成延时就业。

（三）考研深造

随着社会经济的发展，用人单位对研究生的需求有所增加，因此，很多本科毕业生都选择了考研。实际上，考研深造能够带来很多好处，比如能够使大学生的竞争力得到增强，使就业的压力与矛盾得到一定程度上的缓解等。

当然，不是每个毕业生都应该选择报考研究生。要根据自己的具体情况，包括经济实力、学习能力、进一步深造的兴趣、对自己职业生涯的设计需要等各方面综合情况来考量。

（四）出国留学

我们都知道，自从中国加入国际贸易组织以来，出国留学已成为越来越多毕业生的选择，也有部分毕业生参与国际人才竞争，到境外的公司或企业去工作。打算出国的毕业生，要有这样的思想准备：从打算出国到实现出国是一个漫长的准备过程，语言考试、申请入学等过程中的困难也不亚于找工作。另外，国外条件虽然会比国内优越一些，但是出国后的生活可能会比在国内拮据很多，不是所有人都能够适应的。因此，不是所有人都适合出国留学的，要结合自身的情况进行综合的考量。

（五）自主创业

毋庸置疑，自主创业与我们常说的就业是有很大不同的。它们之间最大的不同就是：创业是主动的，就业是被动的。创业是一门最能体现自我价值的科学，是一门学问。创业是有风险的，大学毕业生在创业前，要充分估计到创业的艰难。

第三节 专业发展与就业趋势分析

一、专业的涵义、形成及分类

现代大学是按专业招收新生并进行培养的。大学新生知道自己所就读的是什么专业，但不太了解本专业的内涵与外延。这些都是比较正常的现象，但是这并不意味着任其自由发展，若不加以引导，那么就会导致严重的后果。因此，大学生在迈入校园时，首先要做的就是认识自己所学的专业，并激发专业学习的兴趣与热情。

（一）专业的涵义

我们或多或少地了解到，专业是指根据学科分类和社会职业分工需要分门别类进行高深专门知识教与学活动的基本单位。就学业来说，专业是教育机构为培养专门人才而设置的。就大学来说，设置的专业是大学培养人才的需要。因此，按专业设置组织教学，进行专业训练，培养专门人才是现代高等教育的一大特点。

（二）专业的形成

任何事物的形成都有其内在的必然规律，当然，专业也不例外。人类的知识最初是混沌一体、彼此不分的，自然也不存在所谓专业的问题。但随着知识的不断扩张，最终产生了知识的分化。提到亚里士多德，想必我们并不陌生，他是著名的古希腊哲学家之一，极为重视对知识的系统考察和全面把握，并对人类知识首次进行了系统的学科分类，于是形成了专业的概念。因此，社会的发展促使了专业的形成。

（三）专业的分类

近代，是中国专业化高等教育的开端，主要体现在戊戌变法中，维新派创办的专门学堂。新中国成立后，新中国借鉴苏联经验对高等学校进行了大规模的院系调整，使高等教育的专业化色彩更为浓厚。

改革开放后,我国高等教育领域中的专业分化日益细密,专业化程度显著提高。国家教育主管部门适应形势发展的需要,在遵循教育发展规律并借鉴国际通行惯例的基础上,在部分高校进行自主设置本科及研究生专业的试点。

关于全国高等职业院校和高等专科学校的专业设置,国家教育部2004年12月统一下发了指导性目录,共有农、林、牧、渔、交通运输等19个大类,共计专业532个。

二、专业的发展及其与就业的联系

(一)选择专业的标准

对于毕业生来讲,专业的合理选择具有重要的意义。专业的选择者分为理性者与非理性者,大量事实证明,非理性的专业选择者占大多数。这些毕业生由于种种原因,没有选择真正适合自己的专业。实际上,专业并没有好与坏之分,但是这并不意味着毕业生可以随便选择专业,一定要选择能发展自己潜能、适合自己的专业,这也就是选择专业的标准。

(二)热门专业与冷门专业

根据市场经济规律,任何专业都不会永远热门或者冷门。出现热门的根本原因是供求失衡,企业的需求和高校培养计划出现了短时间的不平衡。因此,大学生不要只顾眼前,应当参考社会的就业形势,结合自己的兴趣爱好,科学、合理地做出专业选择。

(三)专业与就业的关系

很多大学生的所学专业不是自己感兴趣的,也不是今后想发展的,大学生不必因为这件事而苦恼、懊悔,因为现在的大学教育多为通识性教育,使得大学生具有很强的可塑性,完全有可能适应今后非专业性的工作。当然,这并不意味着对专业学习重要性的否认,学习乃是学生的天职,专业学习应当是贯穿大学生活的主线。因此,大学生应深入了解已经选择的专业,根据自我的职业生涯发展规划和社会需要理性对待专业,学会喜欢自己的专业;在学好专业的同时,拓展并培养自己的视野与能力,为自己的职业生涯打下良好的基础。

三、未来十大热门专业预测

经过长期的分析与研究，我们将未来的十大热门专业做出了总结，具体如下。

（一）电子信息类

电子信息产业是一项新兴的高科技产业。目前排除技术故障、设备和顾客服务、硬件和软件安装以及配置更新和系统操作、监视与维修四类人才最为短缺。

相关专业：电子信息工程、通信工程、信息工程、信息与计算科学等。

（二）环境能源类

随着环境的不断恶化，环保产业越来越占有举足轻重的地位。而我国现有环保技术人员的数量离实际需求相差甚远。

相关专业：环境科学、能源与环境系统工程、资源环境与科学等。

（三）生物技术类

未来一段时期，我国将会对生物技术人才有极大的需求。随着基因技术、生物工程等领域的发展，这类人才的缺口会越来越大。

相关专业：生物技术、生物工程、生物资源科学等。

（四）现代医药类

如今，现代生物技术产业已成为医药产业新的国际竞争焦点。该专业有十分广阔的前景。

相关专业：药物制剂、制药工程、生物医学工程、中药学等。

（五）新材料类

新材料的应用范围非常广泛。新材料的研发水平及产业化规模已成为衡量一个国家经济发展、科技进步的重要标志。

相关专业：高分子材料与工程、复合材料与工程、再生资源科学与技术、稀土工程等。

（六）汽车类

由于汽车逐渐成为人们的生活必需品，汽车行业中的复合型人才将成为竞争焦点。

相关专业：车辆工程专业、热能与动力工程、工业设计等。

（七）物流类

据预测，未来十年后我国物流业将接近或赶上发达国家的物流发展水平。目前物流专业人才已被列为我国 12 类紧缺人才之一。根据教育部公布的 2011 年本专科就业状况显示，物流管理专业就业率高于 90%。目前，最为抢手的物流人才是那些掌握现代经济贸易、运输与物流理论和技能，具有扎实英语能力的国际贸易运输及物流经营型人才。

相关专业：物流管理、现代物流等。

（八）管理类

自从我国加入 WTO 和申奥成功以后，高层管理人员的价值越来越看涨，MBA 仍将是企业争夺的对象之一。

相关专业：工商管理类、人力资源管理、工程管理等。

（九）法律类

目前我国取得律师资格的专职律师还不到 2 万人，远不能满足社会需求。随着全民法律意识的逐渐增强，合同化概念深入人心，对法律专业人才的需求将会有所增加。

相关专业：法学、国际法、国际经济商业法等。

（十）营销类

由于我国市场经济不断完善，市场营销已经渗入各种各样的企业，人们对市场营销的观念也将有更深的认识，所以对这方面人才的需求将有所增加。

相关专业：市场营销、国际贸易等。

第五章 大学生求职就业指导

大学生在求职和就业中必定会存在这样或那样的问题，下面我们就从就业心理和就业技巧以及求职技能三个方面为大学生的就业提出一些建设性的意见，为更好地走向社会做好充分地准备。

第一节 大学生就业心理指导

一、大学生就业所面临的主要心理问题

（一）就业心理压力与焦虑

在社会竞争日益激烈的环境下，就业问题对于大学生来说着实是一个很令人头疼的问题，这种情况下，大学生的心理压力就会比较大，并且这种压力在各个年级中都会存在，不难看出，学生的就业压力会比较大，其中心理压力是最大的。

（二）挫折自卑心理

挫折是指人在实现目标的过程中，遇到障碍或自以为无法克服的困难致使目标不能实现、个人需要不能满足时的消极情绪状态。自卑是一种缺乏自尊心、自信心的表现，自卑常和怯懦、依赖等心理交织在一起。

过度自卑，还会产生精神不振的心理现象，久而久之还可能导致自卑型人格发生。在社会竞争日益激烈的情况下，自身的心理障碍是走向成功路上的绊脚石，我们一定要想方设法把这块绊脚石从自己的脚下挪开，让自己成功的道路上，多一些平坦大道，少一些磕磕绊绊。

(三) 孤傲自负心理

同挫折自卑心理相反，孤傲自负心理是缺乏客观的自我分析和过高估计自身实力产生的一种优越感。如部分学生认为自己技高一筹而对别人不屑一顾。他们在择业过程中，对用人单位挑来挑去，既要求有可观的收入，还要求有一定的地位和优越的工作环境。

如果毕业生在择业过程中。一味地孤芳自赏，自以为是，结果只能在择业竞争中四处碰壁。从而产生孤独、失落、烦躁、抑郁等心理现象。

(四) 就业心理期望与失落感

随着社会的变迁，很多大学生都会有一种毕业之后就有好工作的心理，当经历十年寒窗之后，迎接他们的将会是很美好的未来，在这种情况下，毕业生们心理对于工作的期望值就会比较高。一般都会希望去大城市、大公司发展，待遇也要求比较高，很少有人愿意去小城市、基层单位。当你过分地考虑地域、待遇和职位的高低，就很难得到称心如意的工作。

但是在现实生活中，就业岗位并不像大学生想象中的那么美好，因此，当发现现实和理想之间的差异比较大的时候，很容易就会出现一种"一瓶子不满，半瓶子晃荡"的现象，并且产生各种心理问题，最终导致择业方向上的差别。

(五) 犹豫观望心理

市场经济给大学生择业带来了平等竞争的机会，也带来了困惑和挑战。有些大学生东奔西跑，联系了不少单位，但优柔寡断，举棋不定，迟迟不与用人单位签约，有的甚至今天签约明天违约，还有的毕业生同时脚踏几只船，患得患失，造成同时丧失几个机会的结果。

这主要有几种心理：一是对用人单位了解不深，害怕签约后留下终身遗憾；二是希望能找到更好的单位，这山望着那山高；三是想从更多单位中权衡比较。职业的选择也是对机遇的一种把握，错过机遇，你将会与成功失之交臂。

(六) 虚荣攀比心理

由于虚荣心理作怪，一些毕业生在择业时不是根据自身的情况求职，而是喜欢与周围的同学攀比，比哪个选择的单位知名度高、效益好；比哪个同学去了大城市或高层次部门。他们听说哪个地方好或单位理想，便一哄而上。

有的毕业生就说：为什么他能去北京、上海、广州、深圳，我就不能去？凭什么他一个月拿几千元，我只能挣几百元？这花看着那花哨的虚荣攀比心理，更增加了毕业生择业的难度。

（七）从众依赖心理

一些毕业生对自我价值缺乏客观准确的评价，忽视自身的特殊性和自我创造性，形成了个人价值取向的从众心理。

在择业中有这种心理的毕业生往往表现为：

1) 盲目从众，缺乏独立的见解，不能根据自己的实际情况做出切合实际的选择，而是人云亦云、随波逐流，见别人去什么地方，自己也跟着凑热闹。

2) 自己不能主动地选择就业单位，总想依赖社会关系、依赖学校、依赖父母和亲朋好友为自己安排工作，把希望寄托在别人身上，坐等工作的到来，缺乏独立生活的意识。

二、大学生就业心理问题分析

大学生在就业过程中，由于各方面的原因会遇到意想不到的困难和挫折，因而产生一系列的上述心理问题，这些问题过分强烈而持久的心理矛盾冲突对人的心理健康和活动效果会带来消极的影响。

认真分析产生这些问题的原因，找出解决问题的办法，帮助大学生顺利就业。

（一）理想与现实的矛盾

当代大学生的理想丰富多彩，大学生在就业中对理想的追求更加强烈，更加远大，但由于涉世尚浅，对社会了解还不够深，理想往往脱离客观实际，在就业上与社会需要存在着差距。

个人理想往往脱离客观现实与主观条件，一些大学毕业生留恋条件舒适的大城市，好高骛远，追求社会地位高，经济效益好的工作岗位，而不愿到边远地区或条件较差的地方去工作。

（二）独立性与依赖性的矛盾

大学生经过努力奋斗完成了学业，增长了才干、丰富了知识，即将走向社会，成为独立生活的成年人，在告别学校、老师的同时，进入了独立生活的空间，其独立意识增强，渴望发挥自己的作用，独自决定自己的选择。

在实际生活中，大学生由于缺乏社会实践经验，许多事情还要依赖家长、老师和社会的帮助，对自己喜欢什么样的工作，适合什么单位缺乏主见，对"供需见面，双向选择"感到茫然，希望家长亲戚能帮助寻找关系，希望学校能联系工作单位，把自己的前途交于他人安排。这种心理上的矛盾往往容易使大学生感到无奈和苦恼，失去生活的信心。

（三）渴望竞争与缺乏勇气的矛盾

就业制度的改革，为大学生的就业提供了公正、公平的竞争环境。大多数毕业生已经意识到，在激烈的市场竞争条件下，如果没有强烈的竞争意识，就不可能成就一番事业。然而，当真正面对竞争机会时，不少大学生却顾虑重重，缺乏勇气。

其真正的原因在于主观努力不够，缺乏实践的能力和勇气，尤其一些大学生在就业中遇到困难时，不善于调整目标、调整自己，而是打退堂鼓，拱手让出竞争的权利。

（四）自我观念和自我认识的矛盾

随着年龄的增长和知识能力的增加，大学生的自我意识明显增强，尤其对自我的知识结构、综合素质、社会角色、社会价值，能够进行不断地认识评价，意识到自己是社会需要的人才，将为社会发展做出贡献。

（五）所学专业与未来工作的矛盾

不少大学生对自己的专业看得过重，在就业中只要是专业不对口就认为不适合自己的发展。其实现实社会中，真正意义上完全与所学专业对口的工作并不多，于是就产生了所学专业与未来工作的矛盾。

（六）面对多种选择与优柔寡断决策的矛盾

毕业生在就业过程中，常常会遇到多种选择的情况，每一种选择都有诱惑，都不舍得放弃。此时会感到束手无策，举棋不定，迟迟不与用人单位签约，或者今天签约明天又毁约，一山望着一山高。

（七）渴望创业与缺乏承受挫折的矛盾

许多大学生毕业后想干一番大事业，力图在自己的专业领域进行创业，有所成就并实现自己的人生价值，不希望庸庸碌碌，无所作为，以至虚度年华。

但是，不少大学生缺乏艰苦创业的心理准备，只想迅速发展，早日成功，希望通过快捷途径达到理想的境界。但是现实中只有经过艰苦创业，奋力拼搏，才有成功的可能。只有在困难中才能检验个人的能力，增长才干，发挥特长。

（八）由于自身条件所引起的心里矛盾

主要有以下几种：

一是性别烦恼。突出表现在女生身上，大学生就业难，女大学生就业更难，这导致了女生心理负担加重，心理压力更大。

二是学历烦恼。社会对人才的"高消费"，导致高职学生就业压力增大。

三是能力烦恼。主要是由于身体、能力、素质等因素引起的烦恼。

在校表现好、能力强的学生加入了党组织，担任过学生干部，参与过许多实践活动，就业时受到用人单位的青睐。

而那些学习成绩不好的、在学校锻炼机会较少的学生，特别是受到过处分的学生，怕用人单位不接受，心理压力较大。在身体条件上，生理缺陷，甚至高矮胖瘦、长相等可能给择业带来烦恼。

三、大学生就业心理调整

从大学生存在的就业心理问题和就业心理分析可以看出，大学生在求职择业中产生的心理偏差和心理障碍，具有适应性障碍的特征。

主要是因大学生面对求职环境的应对不良而引起，故有的焦虑急躁，有的自卑怯懦，有的冷漠逃避，有的孤傲目无一切，有的全身不适，有的食欲不振。

（一）认识自我，扬长避短

人贵有自知之明，只有正确认识自己的人才能正确地待人处事。所以，择业心理调整的第一步，是要重新全面客观地估价自我，找出自身的优点、缺点，树立信心，扬长避短，确立正确的择业目标。

1. 综合评估自己的专业特点

评估专业主要从专业的性质和社会需求两方面来进行。假如你读的是中文专业，运用汉语言文字遣词造句和写作应是你的长处，就专业而言，比较适合做文秘、宣传、编辑和语文教学工作，社会需求量比较大。

2. 全面评估自己的能力特点

能力评估的方法有两种：一是借助心理学的能力测试问卷；二是通过自己反省，把自己最擅长的活动和最不擅长的活动列出来，找出自己的强项和弱项，然后请别人对你的反省结果进行评价，以得到核实或修正。最后根据自己的能力倾向，考虑择业的目标。

（二）不良情绪排除法

心理学研究发现，积极的情绪体验与积极的行为变化总有一定的关系，大学生在择业期间，要尽可能多地缔造这种关系，能及时从消极的情绪中解脱出来，促使有害情绪无害化。

排除不良情绪的方法有：

1. 合理化

指利用各种理由或借口以提高自身价值或争取社会认可。换句话说，当事情失败时，用许多与事实无因果关系的理由加以解释，来维持面子。最常见的合理化有两种情形：酸葡萄心理和甜柠檬心理。

2. 升华

当一个人在人生的主要目标和兴趣上遭遇失败时，把理想转移到另一个更有价值的事业上去，就是升华。弗洛伊德认为，人类很多文艺创作，多是作家把内在不合理的冲动升华而以社会所能接受的正当方式加以表现的。

3. 补偿

生活的天空那么辽阔，施展本领的天地如此广大。原先的目标受挫时，不妨通过别的途径达到目标，或改变原有目标用其他目标代替。东方不亮西方亮，旱路不通水路通，只要你持之以恒，终会实现自己的理想。

4. 幽默

从心理学角度看，幽默是一种心理防御机制，它常是人们处于困难境地时，自我解脱的一种方法，并能借以达到心理上的平衡。幽默是在善意的微笑下，通过影射、讽喻等修辞手法揭露生活中不通情理之处。通过幽默，人们在大声欢笑的时候，不良情绪便烟消云散了。

5. 自我激励法

自我激励就是用积极的语言和良好的暗示来鼓励自己，同各种不良情绪做斗争。在大学生进行面试的时候，如果出现自信心不足的情况，整个面试过程就会大打折扣，在这个时候我们就可以采用自我激励的方法对这种不良情绪进行调节，可以心里默念一些对自己肯定的话语。

6. 适当宣泄

因择业挫折造成焦虑、抑郁或压抑时，可以通过适当宣泄释放这种有害的情绪。常见方法有：

（1）倾诉，可以向自己的老师倾诉、自己的亲友倾诉，或者利用任何一种自己认为可以缓解自己情绪的方法，如写日记的办法等。

（2）哭泣，可以找一个适当的场合去大哭一场，这样有利于使自己的情绪变得平稳。

（3）剧烈运动，如打球、爬山、长跑等。

7. 注意迁移法

当自己的不良情绪突然爆发控制不住的时候，我们可以采用注意力转移的方法来缓解自己的情绪，尽量把自己的情绪转移到其他方面去，多想一些生活中遇到的开心的事情，这样在一定程度上会减轻不良情绪的爆发。

8. 学会放松

在我们被面试的时候，难免会出现一些心理上的紧张状态，其实这种紧张状态是可以通过自身的放松练习来消除掉的，对于消除紧张情绪的放松练习，我们一般可以用意念放松训练和肌肉松弛训练两种放松方式来对自己进行放松。

（三）正确看待挫折与失败

择业是一个双向选择的过程，求职者选择工作单位，而单位也要在众多的求职者中筛选，求职者被单位冷落或淘汰的情况是很多的，由此给求职者带来的心理压力和精神压力是难免的，如何正确地看待挫折和失败是摆脱这种消极心理的先决条件。

(四) 寻求社会的支持

一个人的视野和能力是有限的，对自我的认识程度也会带有一定的主观性，一旦出现一种心理障碍的时候，个人的自我调节可能不会解决这些问题，这个时候我们就要寻求他人的帮助了。

1. 求教于师长

在我们遇到挫折和困难的时候，相对年轻的学生一般都会在同龄人中寻求帮助，在同龄人中一般都会有共同的语言，虽然同龄人在心理上能给予一定的理解和同情，但是由于同龄人还是缺乏一定的社会经验和生活经历，对于同伴提出的问题不能够给出有针对性的意见或建议，这就要求我们在遇到问题的时候需要从另外一个年龄层次去寻求帮助，在我们身边就有很好的资源可以利用，老师无疑是最佳的选择。

2. 求助于亲情和友情

大学生择业时从亲情和友情中寻求力量，把内心的压抑、不满和隐痛宣泄出来，不断获得鼓励、信任和希望，是大学生择业时心理调适的重要途径。

3. 接受心理咨询

心理咨询与治疗是一项给来访者以心理指导和帮助、为他们排忧解难的工作。咨询人员经过严格的、科学的心理咨询业务训练，有一定的理论水平和实践经验，看待问题更科学、更客观，调整来访者心理状态更快捷、更有效。

第二节　大学生就业技巧指导

要想获得一个较好的工作，就业技巧是必不可少的一个重要因素，下面我们主要就面试资料准备、面试技巧和职场礼仪等方面为大家介绍在就业过程中需要注意的问题，为就业做好充分的准备。

一、求职资料的制作

自荐材料是你自我形象的书面形式,自荐材料是你进入理想单位第一块敲门砖。

(一) 求职资料的作用

个人资料在求职择业中起着十分重要的作用。通过个人资料.的发布、传递可以有效地与用人单位建立联系,有利于进一步去了解用人单位的人才需求情况,也有利于"推销自我",使自己成功地进入职业生涯。

1. 建立联系

大学毕业生求职择业的首要环节就是与用人单位建立有效的联系和融洽的关系。精心准备的个人资料将给用人单位留下良好的第一印象,有助于供需见面、双向选择关系的确立。

2. 推销自我

求职材料就是虚拟求职者。成功地推销自己是个人文字资料最重要、最根本的作用。扬长避短地介绍自己的学习、工作情况及能力、特长,成功地挖掘自己的职业潜力,可做到未见其人,胜见其人的效果。

(二) 求职资料的发布方式

1. 邮寄

用信函的方式传递个人资料是大学生求职择业主要方式。一般来说,科研单位、机关团体、大中专学校、事业单位及大中型企业比较乐于接受这种形式,但是由于大学生就业市场供需状况的变化,这种方式的成功率在逐年下降。

2. 面呈

通过参加招聘会、供需见面会的机会,与用人单位直接见面,在双方都比较满意的情况下送上个人详细资料。

3. 推荐

由高校毕业生分配就业的主管部门或对用人单位影响力的教师、亲友以推荐的方式向用人单位呈送毕业生的个人资料,给人以可靠、郑重的感觉,对毕业生求职成功有重要作用。部队、机关及本专业、本系统有关单位更乐于接受这种形式。

4. 广告

广而告之也是发布信息的有效方式，现在成为大城市最主要的求职方式之一。有人戏称，发达的国家，人的生活空间除了空气，最多的就是广告。近年来，许多毕业生尝试在电视广播、报纸杂志和计算机网络上发布个人自荐信息，效果十分明显。

（三）自荐信的制作

1. 语言要诚恳、热情

自荐信是应聘者发起的招聘双方的第一次接触，第一印象很重要。所以这封信必须能够在双方之间建立融洽的氛围，尽量使用热情洋溢、精力充沛且令人振奋的语言来表达自己的积极态度，以求感染对方。

2. 获取信息的途径

在开头部分，要简要说明你是从哪里看到的招聘广告或得到的招聘信息，你对哪个职位比较感兴趣。这在无形中为人力资源部门经理的工作帮了忙，因为我们在工作中经常要统计在各种媒体发布招聘广告的反馈成效。

3. 自荐信应当排版清新

自荐信应当排版清新、易于阅读，字体要比简历中的字体更大，文字内容三到五个段落就足够了。

4. 制作要求

为了帮助大家撰写出色的自荐信，请注意：

1）有条件的话。使用专用的纸张，页眉或者页脚处写有你的姓名、地址和电话号码。你的简历最好使用配套纸张，这能够显示你的档次和职业风范。

2）如果你有求职单位的人事经理的姓名，那么，你可在自荐信的开头设计附信，附信专门致某个特定的个人。

3）如果没有被要求，不宜在自荐信中谈论薪金。

4）一定要保证在你的自荐信中不能出现拼写、语法等很低级的错误，这也是对自荐信的最基本的一个要求，一定要让自己的自荐信有一定的职业风范，即便你是一名在校或者刚毕业的大学生，但是自荐信中也一定要突出自己的职业特点，这样能够加深对你的印象。

5）诚实，不自欺欺人，更不要试图用说谎的方式来增加别人对你的印象分，这是在面试中很忌讳的一点，自荐信中所写到的内容一定要确保在面试中保持一致。

（四）履历表的制作

1. 申请人基本资料

个人基本资料这部分通常置于简历的最前端，通常包括求职者的姓名、年龄（出生年月）、性别、身高、出生地（籍贯）、民族、最高学历、学位、政治面貌、毕业院校、专业、毕业时间等。

2. 学历或者教育背景

大学毕业生是社会新人，多半缺乏正式工作经验，因此学历成为求职最重要的资产，一定要慎重撰写。如果有多重学历，建议从最高学历写起，并注明取得学位的时间以及学校。

3. 工作经验及成果

无论是实习、勤工俭学，还是社团经验、担任班级或院系干部，都可算广义的工作。

4. 计算机及外语能力

这两部分对于非计算机专业或者外语专业的毕业生来讲，也是不可或缺的一笔。计算机运用能力在工作中愈来愈重要，列出你会使用的软件、计算机语言及相关的操作经验，可以让你更胜一筹。

优秀的外语能力不仅在外企是一个录用与否的分水岭，越来越多的国内企业也开始重视，它可以给你的简历无形中增添一道光辉四射的"金边"。

5. 获得的荣誉

这部分内容不要为了好看而滥竽充数，把中学时候得过三好学生的经历也摆出来，这样做只能起到负面作用，既占用简历中宝贵的空间，又浪费招聘主管阅读简历的宝贵时间。

我们要注意：一要真实记录曾经获得的荣誉，二要选择重点，兼顾全面。可以列出你曾经得过的奖项、奖学金等。总之，所有外界给予你的正面的肯定意见和评价，都是能够对你的求职是有加分的。

6. 求职意向

这个部分的内容一定要简短和清晰，本部分的内容主要是自己能够传达给面试者你想要的行业、岗位及其他相关的要求。

（五）简历制作时的注意事项

1. 不要过长或者过短

简历的长短有一个"度"需要把握。简历，简单有力。一般以一张纸为宜。

2. 避免排版不美观，版面过分压缩

建议大家采用小四号仿宋字体，并选用1.5倍行距的段落格式，这样的打印文稿比较适合人们的阅读习惯。不要硬把两页纸的内容压缩到一页纸上，即使使用电子简历时采用纯文本格式，也要人为地留出空格部分，以方便招聘主管浏览。

3. 关注要点，避免遗漏

在制作简历的时候，千万不要简单地列举你所干过的所有的职务，一定要表明自己在这个职位中干了什么，学到了什么，在这项工作中你做了什么别人不能做的事情。

有的应聘者，尤其是刚毕业的求职者由于缺乏求职经验，写简历时事无巨细，眉毛胡子一把抓，写一大堆无关紧要的东西，却把真正的要点遗漏，如现在的联系方式等，这样会给应聘者带来麻烦和损失。

4. 强化表达能力，体现专业素质

这一点也需要引起我们应届毕业生，尤其是理工科学生的注意。在写简历时一定要尽情地表现你自己，而不是别人。在你的简历中应展现你的技能，并用你自己取得的成果证明它们。

5. 避免出现错别字及语法错误

简历写完后，一定要调整格式，使之符合行文规矩，选择适当的字号和字体，使版面整洁、美观；然后要反复检查，认真校对，避免涂改和错别字。

如果你连自己求职这样的事都不用心，那用人单位当然会认为你对工作也不会用心。另外，在一些高级职位和专业岗位上，语法错误是不可以接受的。

6. 简历要客观，不能虚夸

一般来讲，企业招聘时，求职者的诚实是招聘主管很看重的一个品质，所以简历还是应该实事求是，讲求诚信的原则。

7. 不能贸然写上对薪水的要求

很多同学对于简历上能不能写自己预想的工资待遇，在一定程度上存在疑惑，在心理上对于这种做法存在很大的不确定性，一般的面试官会认为，在自己的简历上写出对工资待遇的要求是有一定的风险性的，建议不要出现在简历中。

8. 体现出自己的精神状态

我们常说"文如其人"，从写求职信和简历开始，就要体现出自己自知、自信的精神状态。所以一定不要太谦卑，将自己说得一无是处；也不要过于自傲，认为这个职位舍我其谁。谦虚谨慎、不卑不亢，这种状态要贯穿求职的全过程。

9. 注意后期加工，提高复制质量

简历写作完成后，后期的加工也是需要重视的。有的同学在简历复制时不够认真，尤其用复印机复制时质量太差，从感官上就略逊一筹。

二、求职面试的技巧分析

（一）面试的类型

面试有很多形式，依据面试的内容与要求，大致可以分为以下几种：

1. 问题式面试

根据招聘者预先拟定好的问题，对求职者进行相关的提问，并且对这些问题进行快速回答，这样做的目的就是能够让招聘者在一个相对特殊的环境中去观察求职者的各种表现，包括语言、心理、表情等。并且考察了求职者的专业技能和业务能力，根据这些表现来对求职者进行一个最初的判断。

2. 压力式面试

由招聘者对求职者进行一定的压力施加，根据某一个问题或者某一件小事来进行连续的发问，有一种打破砂锅问到底的意思，直至这个问题没法回答为止,这种面试的方式主要是观察面试者在巨大压力下的所有的表现。

3. 情景式面试

由招聘者预先设定一个特殊的情景,提出一个相应的问题和计划,然后让求职者根据自己的经验和学识等去分析问题、解决问题。

(二) 面试的基本内容

1. 一般性提问

(1) 关于求职动机

——为什么选择我们公司?

——对在公司工作的预期(工作条件、目标薪酬等)如何?

目的在于:考察求职者的求职动机,判断求职者的工作期望和公司实际条件是否一致。

(2) 关于仪表与性格

——面试全过程进行有意识的观察。

目的在于:考察求职者的穿着、举止、礼貌、动作、习惯和性格特点等。

(3) 关于人格品行

——你择业考虑的主要问题是什么?

——个人未来职业生涯的预期如何?

——如何理解幸福的人生和成功的事业?

目的在于:了解个人价值观、抱负、生活理念等。

(4) 关于敬业精神

——谈一件你的经历中最值得自豪的事情,你是如何获得成功的?

——你的职业态度是什么?

目的在于:考察以往的业绩、职业态度、责任感、进取精神、开拓精神等。

(5) 关于专业知识、特长及经验

——简单描述一下你的受教育经历(包括学校教育和工作中的培训)。

——如何使你的工作对公司更有价值?

目的在于:从专业的角度了解求职者特长及知识的深度与广度,判断其是否具备岗位所需的专业知识和专业技能。

2. 压力式提问

当招聘者想了解你如何处理压力时，尤其是他们提出一连串颇难对付的问题时，你就会遇到这种充满压力的面试。

一位求职者描述面试经历时说：面试官不停提问，很专注，听得很仔细。我也一直处于戒备状态，受尽折磨，直到最后才稍有松懈。

3. 假设性提问

——如果你负责的一件工作不能按期完成，你会怎么做？

——如果你必须和一个很难相处的人共同完成一项工作，你会怎么办？

——如果你最要好的同学告诉你，在考试时他严重违反校纪（未被任何人发现），你怎么办？

回答这类问题要有针对性。例如，关于不能按期完成工作的问题，招聘者想知道的是：

1）你怎么处理它。

2）你会用什么策略。

3）你是不是足智多谋。

4）你是否想增加人手。

4. 随机式提问

招聘者还需要在特定的社会环境和人文环境下，重点关注求职者在各种环境下所有的表现，深入剖析求职者在各种环境下面临压力时，所采取的应对措施，并且这种应对措施是否有一定的效果，通过这种应对措施和手段，能够反映出求职者具有什么样的个人涵养和技巧。

（三）面试前的准备

1. 建立自信

自信是任何事情成功的基础。应聘时不管在什么条件下，始终要向用人单位传递这样的信息，你拥有帮助用人单位实现预期目标的潜在能力，是单位的有利资产而不是包袱。

2. 保持常态，适度紧张

常态就是适度紧张，这是认真的通常效果。千万不要装作轻松愉快，这样会使面试考官怀疑,甚至反感。

3. 全面准备

手中有备,心中不慌。机遇总是留给有准备的人,打有准备之仗是保证面试成功的基础。因此,应该综合准备。

(1) 自我介绍

面试时,不能拿书面稿件读,只能脱稿进行口头表达。在口头自我介绍时,应注意:重点突出、语言精练、用词恰当。

(2) 应聘资料

要求是干净、详实、规范、全面。

(3) 着装规范

根据单位性质着装,既是准备做什么工作就应穿得像什么。

(4) 语言能力训练

包括语言表达能力、书面表达能力的准备和自我练习。

(5) 考察用人单位,收集用人单位的信息

全面考察用人单位,了解其性质、规模、产品、发展规划,有可能最好实地考察一下。

4. 保证休息

面试前一晚尽量放松,听一些轻松的音乐、翻阅一些有趣轻松的杂志、书刊或看看电视,和平时一样,按时睡觉,保证充足的睡眠和休息。

(四) 面试的技巧

1. 见面

对于毕业生而言,在认识和了解用人单位的同时,也被对方了解、认识。想要达到被录用的目的,必须注意仪表仪容,必须在面试过程中,给考官留下最好的印象。

2. 自我介绍

自我介绍在应聘过程是相当重要的一个环节。是用人单位给应聘者创造的一个自我推荐的机会。自我介绍应该避免像流水账一样述说自己的经历,一定要谈论对用人单位有用的东西,强调你喜欢这份工作不是因为能给你带来多少利益,而是你具有适合这份工作的技能。

3. 回答技巧

（1）仔细聆听对方的问题，审慎回答，不要太简略，要完整并举实例说明，但要避免冗长。

（2）若对应征公司不了解，不妨坦诚相告，以免说错而得不偿失。

（3）当对方问你"你能为公司做什么时"，若无法马上回答，可先请问对方这个作上最重要的内容是什么，你好就这些部分来回答。

4. 举止小节

生活当中我们经常听到许多关于求职面试中，有不当举止而被用人单位拒之门外的例子。正确得体的举止不仅会提升自身修养，更能增加面试的成功几率。

5. 告别

无论你的面试是成是败，千万不要忽略面试后的告别。当面试结束，如果当场告诉你被录取了当然要感谢，如若让你回去等结果也不要气馁，不要觉得肯定没希望扭头就走。

三、职业礼仪

（一）职业礼仪的功能

1. 规范各种行为举止

社会角色不同，所要遵循的礼仪要求也就不同。职业礼仪的基本功能就是规范各种职业场合的行为，使用一定的职业礼仪约束自己的行为。

2. 树立个人形象

现在单位之间的业务往来不断增加，交往的涉及面也越来越广，与人打交道的机会也越来越多，一个人讲究礼仪可以树立良好的个人形象；一个单位的成员讲究礼仪，就会赢得公众的赞誉。

3. 协调人际关系

研究表明，并不是只有高智商的人才可以在工作中获得成功。还有另一种智力，我们称之为情绪智力（即通常所说的情商），也对一个人的事业成功产生着重大影响。

并且情绪智力五种能力中的个人交际交往的能力（也叫社会交往能

力），已经引起职场人士的高度重视。

4. 促进事业成功

礼仪是现代人的处世根本，礼仪也是职业者的成功资本。经济高速发展和社会生活水平的不断提高，并没有带来道德水平的迅速提高，职业礼仪的培养，也成了推行素质教育的重要课题。

（二）礼仪形象

1. 仪容

所谓仪容，即人的容貌，是个人仪表的重要组成部分，主要由发式、面容构成。职业礼仪要求仪容美，具体含义：仪容自然美，仪容修饰美。

2. 表情

表情是人的无声语，但能真实有效地反映着人们的思想、情感及其心理活动的变化。面部的一个微妙动作，一块肌肉的细微变化，眨一下眼睛或皱皱眉，都在表达一个人的感情。总的说来，目光和微笑是最能够表达情感的两个表情了。

3. 举止

举止，就是一个人的肢体活动，以及在活动中各种身体姿势的总称。从某种意义上来讲，人的行为举止也是一种语言。它是无声的，但有时候比有声的言语更富有表现力。举止也是树立个人职业形象的重要内容。

4. 言谈

优美礼貌的言语可以更好地协调人际关系，促使人们和睦相处。俗话说言为心声，言谈不仅能够帮助我们增进了解，加深认识，从言谈中还能够反映一个人的内心世界、文化水平、社会阅历、品德修养。

5. 服装

古今中外来说，服装的设计都会在一定程度上显示出这个国家和社会的文化内涵，就个人而言，一个人的穿着会体现出这个人的文化修养和审美的观点，同时也是个人身份、地位的象征，所以，对于服装礼仪，我们还是需要加以重视的。

(三) 职业礼仪的原则

1. 尊重原则

尊重是一个人重要的品德素质，每个人必须学会尊重自己和尊重别人。心理学家指出：尊重是心灵沟通的起点。

尊重原则要求人们在社会交往活动中，交往对象要互相尊敬，互相谦让，友好相待，和睦相处，无论身份地位如何应该受到同等的尊重。

2. 宽容原则

宽容有宽厚、容忍、接纳、包容的意思。宽容是一种人生态度，也是一种素养、一种美德。努力工作，宽宏大量，与人为善，宽容待人，主动为他人着想，肯关心和帮助别人的人，则讨人喜欢，被人接纳，工作中碰到的各种问题也会迎刃而解。

在人际交往中，记住己所不欲，勿施于人的教诲是大有受益的，它可以避免提出别人难以接受的要求，避免人际交往中的紧张局面，从而建立和维持良好的人际环境。

3. 自律原则

遵守职业礼仪规范要学会自律，学会自我对照，自我反省，自我要求，自我约束，时时注意自己的言行举止。礼仪是一个人内在修养的外在表现，具有良好修养的人，无论什么场合都是那么有礼貌、那么得体，用严格的礼仪规范约束自己的言行。

环境对人的影响固然很大，但具有良好礼仪修养的人，即使是遇到较为特殊的场合，仍能保持自己的风范、涵养，以礼相待。这不是靠一天两天的学习能够做到的，靠的是长期的学习和自律，长期的陶冶情操，慢慢培养成良好的习惯。

第三节 大学生求职技能培养

对于刚毕业的大学生来说，拥有一项异于常人的求职技能是非常重要的，求职技能的培养除了要具备上一节咱们提到的求职资料、面试技巧以及职场上的一些礼仪等，还要拥有一个非常强大的心理作为支撑，保持积极的心态去面对社会上的种种困难和挫折。

一、正视现实，适应社会

正视自己所处的社会环境和经济环境是大学生择业的重要心态之一，正视现实包括了两个方面的内容，这两个正视就是正视社会、正视自身。

（一）正视社会

1. 正视就业形势

积极的心态就是要正视社会，了解社会进而去主动地适应社会，当今我国的就业形势比较严峻，大学生毕业所面临的一系列压力和问题也是大家有目共睹的，这就要求我们有一个正确的心理态度去对待这个问题。从另一个角度去考虑的话，在供需形势极其不平衡的情况下，尽管很多人都向往大城市，但是偏远的山区仍然需要很多人来贡献自己的力量。

2. 正视就业市场

我们国家的毕业生就业市场在一定程度上还有很多不完善的地方，在一定的社会环境中，这种市场是需要逐步完善的。很多的不正之风还有一定的可乘之机，在用人单位自主权逐渐扩大之后，对大学生的要求也逐渐变得严格起来。现实也有有利于自己的一面，随着社会主义市场经济的不断进步以及科教兴国战略的实施，社会对于知识的尊重会更加明显，对人才的尊重也会越来越受到人们的重视。

（二）正视自身

毕业生之间肯定会存在一定的社会差距，原因就是每个人的能力不同、所处的社会环境不同、家庭环境不同等各种因素综合在一起，我们就不难发现，摆在每个毕业生面前的机会就会有很大的差异性。但是这种很正常的现象却让很多大学生不能接受，盲目和别人攀比。

其实这是很不理智的表现，也是就业时的一种消极心态，只会给自己带来更多的挫折，造成适应困难。

常言道：人贵有自知之明。当你连正确认识自己的能力都没有的话，又怎么能够把自己主观的愿望和客观的条件结合起来呢？又怎么根据自己的实际情况来制定出一个切实可行的目标呢？

积极的心态首先就是能够去正视自身的优缺点，对自己有充分的认识，包括心理、能力、技能等各方面的深刻认识，一旦你对于自己的认识更加深刻之后，这有助于自己的愿望和现实两者相互结合统一，最终体现出自己的价值。

二、敢于竞争，积极进取

（一）竞争意识

首先要有自己的竞争意识，并且敢于去和别人竞争。在和别人进行竞争的时候一定要有年轻人的朝气和旺盛的精力，要敢说敢做，千万不要扭扭捏捏，胆小怕事。

（二）正视当下，从实际出发

从自己面临的现实情况出发，充分考虑到自己的专业性质，知道自己想要什么、能做什么，并且根据自己的兴趣爱好、特长等冷静地去选择自己想要从事的职业。

（三）信念坚定

无论遇到什么样的情况，在求职的时候，一定要抱有坚定的信念，始终相信自己，先从心底里先认可自己，然后注意自己的言行举止，给面试官留下一个好的印象，充满信心、踏踏实实地向自己设定的目标进取。

（四）做好经受挫折的准备

在大学生进行求职的过程中一定会遇到很大的竞争，一个好的工作岗位肯定会受到很多人的青睐，所以在择业的过程中失败是在所难免的，所以一定要提前做好失败的心理准备，有了这样的心理准备才能够逐渐在激烈的竞争中胜出。

三、正视挫折，永不气馁

挫折是个人在从事有一定目标的过程中，遇到的所有的不利于自己完成任务的所有的障碍，这种障碍会不同程度地阻止个人目标的实现。

（一）正确认识挫折

要对挫折应有正确的认识，不经历风雨怎能见彩虹？苦尽甘来和失败是成功之母等都是对困难和挫折积极而辨证的认识。既然挫折是客观存在的，我们就应该把它视为锻炼人的最好机会，是人生的重要经历和宝贵的精神财富。

（二）剖析失败原因

遇到挫折，要认真分析失败的原因，究竟是客观的条件没有充分还是主观上条件的缺失，或者是求职的策略上出现了问题，对于这些问题一定要认真地进行分析，总结好求职的经验，从中吸取教训，做到心中有数，这样才能够去调节自己的心理。

（三）保持健康心态

挫折确实能够检测出人的心理健康状况，当你具备了健康的心理就会对生活中遇到的挫折冷静分析，敢于面对、百折不挠。但是对于那些心理健康程度稍微差一些的人来说，但凡遇到一点儿问题，就知难而退，畏首畏尾，甚至会精神崩溃、行为失常。大学毕业生在进行择业的时候，对挫折应采取积极的态度，不要消极退缩，应有一股不达目的誓不罢休的劲头和勇气。

一个有能力战胜挫折的人，他在别人看不到的时候一定是付出了比常人更多的努力。这种勇于战胜困难的能力很大程度上依赖于大学生自身日常生活中的一些个人修养，我们要学会科学地了解一些事物，在面对生活中的困难时，一定要坦然面对，不要自暴自弃，经历一些生活中的挫折，并不是一件坏事。

四、重视潜力，不追热门

我们知道，目前比较火爆的职业是 IT 行业，这个行业的工资水平远远超过了其他的行业，所以现在很多年轻人会想方设法地去进入到这个行业中去，其实，这个行业内部竞争非常激烈，技术更新极快，身在其中的职员所承受的工作压力相当大，而求职者对此往往未曾想到。与其如此，不如选择潜力大的行业（如环保、保险等），其商业空间、发展潜力大，投身其间于名于利均不亚于跻身热门行业。

五、立足自力，减少依赖

在进行择业的时候，一定要学会依靠自身的实力去和别人做竞争，千万不要一味地寻求关系，利用关系户去找工作，无论是亲戚还是朋友，他们只能是为你找工作提供参考意见，并不能直接为你安排工作。即使被直接安排到工作单位，在今后工作的日子里还会遇到更多的麻烦，这样做是一种得不偿失的行为。只要我们刻苦学习，练好内功，总会找到适合自己的工作。

六、淡化薪酬，放眼未来

我们国家地域宽广，但是贫富差距是比较大的，在这样的社会环境下，不是每个大学生都能够找到自己称心如意的工作的，这时不妨站得高一点，看得远一点，不能只看眼前利益。

职业是自己生活的新起点，你的发展及前途应是你关注的焦点，薪酬应放在次要地位，不要急功近利。个人如果到了适合自身专业、兴趣、能力和特长的企业和岗位，尽管它当前薪酬并不丰厚，但随着企业的发展和自身价值的体现，薪金自然而然也会提高。

第六章　大学生创业基础指导

就业是民生之本，扩大就业，实现比较充分的社会就业，是全面提高人民收入和生活水平的根本保证，也是全面建设小康社会的基础目标。扩大就业是保证社会经济甚至政治稳定，化解劳动者流动日益频繁带来的压力的基础，在无法通过政府、社会解决就业问题的情况下，只能引导、鼓励更多的人自主创业、自谋职业，以创业促就业。创业的人多了，经济发展了，就业问题自然就能得到改善。

大学毕业生就业难一直是近年来社会关注的热点话题。近年来，在日益严峻的大学生就业形势下，不少毕业生选择走自主创业之路，成为大学生就业的又一条出路。由于全国高校毕业生规模达到了 699 万人，2013 年也因此被一些人称为"史上最难就业季"；2014 年全国普通高校毕业生规模更是达到了 727 万人，又增加了 28 万，可谓"更难就业年"。近些年高校毕业生就业形势复杂严峻，就业工作进入关键时期。面对这种形势，具备一定创业能力、受过高等教育的大学毕业生，自主创业无疑是一个明智的选择，既可以为自己寻找出路，还可以为社会减轻就业压力。

第一节　创业的要素与特征

一、创业的定义

创业往往和大学生的就业问题联系在一起，它是近几年的一个时髦词语。虽然"创业"一直备受关注，但对创业的界定还没有一个统一的认识。创业概念的提出是与经济发展密切相关的，不同的学者从各自不同的视角，提出了对创业的不同界定。这里我们有必要对创业的概念进行梳理，以减少其带来的困惑，进而结合特定的社会环境，在借鉴与总结前人理论的基础上，给出我们自己对创业的理解。

（一）语源学的理解

"创业"一词在中国传统文化中最先出现时与"垂统"连用。在《孟子·梁惠王下》一书中有"君子创业垂统，为可继也"。意思是指创立功业，并传给子孙后代们。几千年来，这样的含义在古汉语中一直沿用至今。汉代张衡《西京赋》有："高祖创业，继体承基。"诸葛亮《出师表》有："先帝创业未半而中道崩殂。"清代昭梿《啸亭杂录·洛翰》有："高皇帝创业之初，有洛翰者，本刘姓，中原人。"可以发现，"创业"一词在中国古代，多为创建功业、开拓疆土的意思，带有封建君主建功立业的色彩。

进入近现代后，"创业"在古汉语的基础上被赋予了更多意义。在现代社会中所说的"创业"，普遍被用于描述开创某种事业的活动，这与保持前人已有成就和业绩的"守业"是相对的。《辞海》中的"创业"被定义为创立基业或事业，是指开拓、创立个人或集体、国家与社会的各项事业及所取得的成就。创业的内容从创建功业、开拓疆土转变为一切能够创造新事物和新价值的活动；创业的主体也已从古代的君主转变为了平凡老百姓。在2001年版的《新华词典》里，也将"创业"一词界定为开创事业。从"创业"这个概念在汉语使用中所表达的意思分析，"创业"一般强调三层含义：（1）突出创业过程的开拓和创新意义；（2）强调创业开端的艰辛和困难；（3）侧重于在前人的基础上有新的成就和贡献。

在西方文化中，创业的英文翻译有两种：一是名词 entrepreneurship，二是动词 venture。名词往往表示静态的创业状态或创业活动，是从创业者、企业家的角度理解创业的，它经常与 enterprise 互换使用。而动词 venture 侧重表现"创业"的行为活动。在现代企业领域，表示"创业"增长的态势往往使用动词 venture。

（二）中西方学者的解释

对"创业"概念的研究，总体上来说国外要比国内早。"创业"的概念在国外商业领域也已经使用了200多年。而作为经济活动的"创业"在欧美国家更是有几百年的发展历史，然而国外的专家、学者对"创业"这一概念也没有达成具有权威的统一认识。对"创业"一词最早进行界定的是经济学家理查德·康蒂隆在18世纪提出的，他认为"创业隐含了承担以确定价格买进而以不确定价格卖出的风险"。此后，"创业"的概念也在国外学者对"创业"内涵的研究中不断地演变和发展。

1934年，奥地利政治经济学家约瑟夫·熊彼特（Joseph Alois Schumpeter）认为创业的过程就是创新的过程，创业的本质是创新，其首次将"创新"与"创业"的概念联系起来，通过创新来克服自由市场经济固有的内在矛盾，因此创业者能够促进经济的增长。

1989年，哈佛大学教授霍华德·斯蒂文森（Howard H. Stevenson）指出："对机会的追寻不拘泥于目前条件与资源的限制，而是能够将不同的资源进行组合，以利用机会创造价值的过程即为创业"。创业比之于创新，其更为强调机会与价值创造。而在实质层面创业则代表了"发掘机会，组织资源开展新事业、建立新企业，进而提供新的市场价值"；在精神层面，创业代表着一种"以创新为基础的思考与做事方式"，这是个人及企业在日益复杂和不确定的世界中生存的最佳武器。

1999年多国研究者参与的由英国伦敦商学院和美国巴布森商学院联合发起的"全球创业检测"，该项目将"创业"定意为依靠现有的企业、团队或个人建立新企业的过程，如一个现有企业的扩张、一个新的业务组织或自我创业。

在20世纪80年代改革开放之后，计划经济体制逐渐被市场经济体制取代，"创业"一词在我国社会才开始得到广泛应用。商品经济快速发展为普通老百姓提供了许多发财致富的"创业之路"。作为一种新兴的经济活动，创业吸引了众多专家、学者的眼球并成为他们研究的对象。

目前对创业的定义有三种不同的类型，即实体说、功利说和价值说。对创业实质的理解是三者的差异主要表现，即分别认为创业是"创建企业"、"创造财富或利润"和"创造价值"。

1. 实体说——创建企业

持这种观点的人认为，创业需要一个承担创业的实体如企业。尽管创业活动必然涉及创新，但创新并不等于创业活动。作为北大创投研究中心的原副主任，刘建钧眼中的创业是"一种创建企业的活动，或者说是创建企业的过程"。他指出创新与创业并不是两个可以互相等同的概念，强调了创新与创业的区别。创业过程的一个重要标志是创业者依据所在国家或地区的相关法律法规进行注册登记。

2. 功利说——创造财富

这种观点认为，创业就是一个创造和积累财富的过程。罗天虎主编的《创业学教程》认为，创业是一个开创事业和积累财富的过程，创业活动具有功利性、开拓性和自主性等基本特征，其对创业的定义就反映了这种观点。

开拓性是指创业对于创业者来说是一项前所未有的事业。开拓创新是创业精神的实质。虽然创业者可以借鉴、模仿学习前人的方法、经验，但是他必须从头做起。自主性是指创业是一项独立自主的行为。而创业又是一个创造财富、积累财富的过程，这就决定了创业充满了功利性。

实现商业利润就是创业的目的，是另外一种相似的理解。如雷家骕等（2004）认为，创业就是"组合生产要素，发现、创造和利用商业机会以获取商业成功并创造价值过程和活动"。创业的目的是获取更高的商业利润并取得商业成功，创业者之所以选择创业，目的就在于预期的商业利润。

3. 价值说——创造价值

持这种观点的人认为，价值的创造体现了创业活动的创造性。比如宋克勤认为，创业者组织各种资源提供产品或服务，通过发现商业机会以创造财富与价值的过程即创业。创业的主要要素有机会、组织、创业者和资源等。郁义鸿等人认为，创业者的定义与创业密不可分。他们在《创业学》中对创业的概念，在综合了几位国外学者的观点之后将"创业"定义为"一个发现机会并由此实现机会的潜在价值，同时创造出新的产品或服务的过程。"

（三）本书的界定

由于研究创业行为的视角不同，我们能够发现，无论是国外专家还是国内学者，他们得出的研究结论都不尽相同。创业是一个横跨人类学、社会学、经济学、心理学、管理学等多个学科的复杂现象。尽管对创业下一个广为接受的定义非常困难，但仍有必要对其进行尝试。我们结合国内实际，在总结、借鉴前人研究成果的基础上，从狭义和广义两个角度对创业进行界定。

将创业界定为一个过程是创业的狭义定义,在此过程中,创业者(包括个人或团队)作为主体,利用外界资源和力量去寻求机遇,通过创办企业去创造价值展。本书中的创业主要指狭义的创业。

广义的创业包括一切具有开拓意义的社会变革行为,指的是人类创造新的事业、基业的活动。

二、创业的构成要素

由于有太多的问题需要处理,创业过程是一个复杂的过程。创业人员不需要对所有问题都同等对待,只要抓住创业过程中的核心要素,就能达到预期的效果。

对于创业过程中的核心要素,不同实践者的体验不尽相同,不同的学者对此也有不同的观点。对这个问题的研究。具有重要的理论和实践意义。

(一)Timmons 的创业要素组合模型

Timmons 认为,创业的过程是一个高度动态的过程,在该过程中最重要的驱动因素是创业团队、资源和机会,而它们的存在和成长也是创业过程发展方向的决定因素(图 6-1-1)。

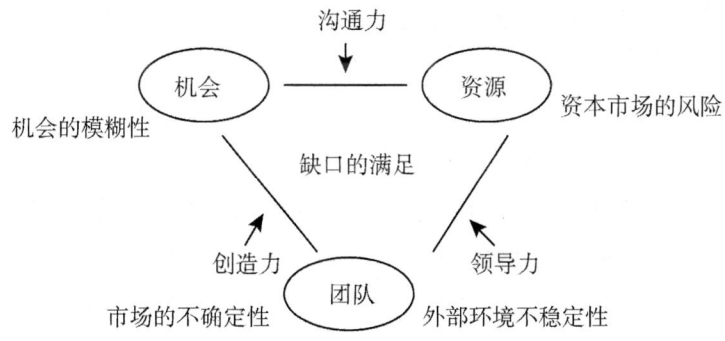

图 6-1-1 Timmons 创业核心要素组合模型

1. 机会

Timmons 认为创业过程始于机会,而并非始于战略、团队或是计划。因此机会的发掘在创业的前期最为关键,是创业成功的首要元素。Timmons 甚至认为创业者应当投入大量的时间和精力寻找最佳的商机，因为真正的商机比可获取的资源、团队的智慧和技能都要重要得多。

2. 团队

Timmons 的理论认为创业的关键组成要素之一是团队。一个创业的团队需要做的工作包括：分析外部环境可能会发生什么有利或不利的事件；分析企业正在失去什么机会，企业中各种资源间的匹配和平衡状态是否存在问题；如何抓住机会和回避风险；如何减少以致消除技术、竞争、市场和金融中的风险；需要多少资源才能完成这些任务等。如果创业者找到了这个问题的答案，将如何弥补差距和匹配的问题解决了，吸引到了有利于完成这些工作的人才，如此一来创业能够取得成功的可能性也就大大地增加了。所以从本质上来说，在不确定的环境中，利用自身的创造力发现机会并借助外部资本市场等力量来组织资源，领导企业来实现机会的价值，这些就是创业团队的作用。

3. 资源

资源的多寡与创业机会之间二者是相对的，有一个从适应到产生差距再到适应的动态的过程。Timmons 认为贪图拥有全部的资源的创业并不是成功的创业，真正成功的创业是致力于将使用和控制资源做到最小化。创业者需要采用谨慎的战略及设计精妙的创意，才能合理利用和控制资源。

事实上，在选择合适的投资项目时，企业创业团队的卓越才能，往往是最吸引风险投资家的。Timmons 指出，在创业过程中常常会受到由于各种因素带来的冲击，例如机会的不确定性、反复变化的环境、市场的模糊性以及资本市场的风险等这使得创业过程充满了风险。所以，要想有机地组合上述三个核心要素，必须要依靠创业者的领导沟通的能力与创造力，发现问题并掌握其中的关键要素，将机会、资源与团队三个因素弹性地调整与组合，使三者处于动态合理的搭配状态，进而使企业得以发展壮大。领导者的本质任务就是有效地处理机会、资源和组织三者间的关系，其作用在这当中至关重要。所以由机会激活并在取得必要的资源与组成创业团队之后，创业计划才算顺利地展开了，这便是 Timmons 得出的创业行动逻辑。在创业过程中领导者及团队的任务就是：对更大商机地探求和合理地运用资源并使整个三角架保持动态平衡。

（二）Wickham 的创业要素组合模型

如图 6-1-2 所示是 Wickham 提出的以创业者为核心的创业过程模型。Wickham 在模型中指出，创业活动包括创业者、机会、组织和资源四大要素，其中处于创业活动过程中心的是创业者。与其他三个要素之间的关系是创业者在创业中主要的职能体现所在，即：管理创业资源，包括人员、资金和社会网络等；建立创业组织；发现和确认有利的创业机会。创业者的本质任务是有效地处理机会、资源和组织间的关系。机会、资源和组织三者之间的关系为：资本、人力、技术等资源要集中用于机会的利用上，且要注意资源的成本和风险；资源的集合形成组织，包括组织的组织结构、资本结构、程序和制度，以及组织文化；组织的结构、程序、资产和文化等作为一个有机的整体，应适应所开发的机会，为此组织需要根据机会的变化而不断地调整。因此，创业活动包括以下三个方面：将资源集中于追逐的机会；集合资源以形成组织；组织适合于所开发的机会。创业者在这三种关系中起着关键的作用。

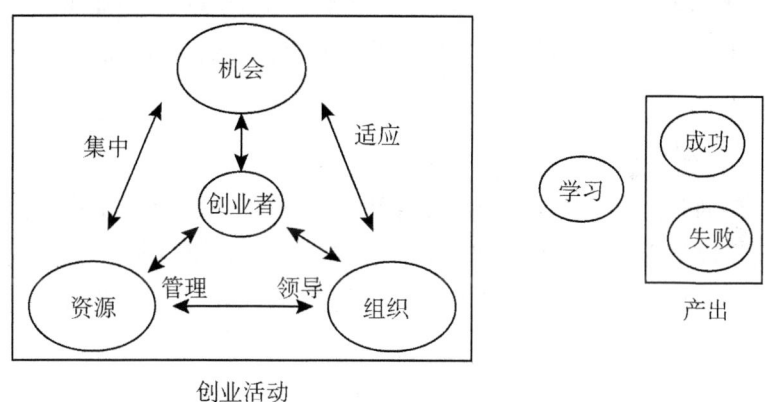

图 6-1-2　Wickham 的创业过程模型

从图 6-1-2 中可知，Wickham 发展了 Timmons 的观点，他认为是创业者把创业团队、资源和机会三种要素集合在一起进行创业，由创业者来平衡机会、资源和创业团队之间的关系，比 Timmons 更强调创业者在创业过程中的核心作用；另外 Wickham 还强调，真正的创业过程应该是一个不断学习的过程，学习型组织才是创业型企业的应有面貌，因此组织的学习能力是决定创业成败的关键，而在实际工作中，必须在组织结构上进行相应的改造，提高自身的学习能力，传统企业才能成为创业型企业。

三、创业的特征

创业是创造财富的过程，是勇于冒险的过程，是艰苦奋斗的过程，更是创新的过程。作为一种社会行为，创业本身具备独有的特征。

（一）利益性

驱动创业者创业的根本目的就是利益。回报是创业者进行创业的动机和动力。通常情况下，回报与风险是成正相关的。创业带来的回报，既有精神的回报，也有物质的回报。

（二）风险性

风险是创业过程中所必然面对的。创业的风险性不仅会让创业者丧失信心，还会给创业者带来经济财产的损失。创业风险主要有市场风险、人力资源风险、技术风险、财务风险、外部环境风险等几个方面。创业者应甘冒风险，具备超人的胆识，勇于承担多数人望而却步的事业风险。作为一个创业者，如果仅仅考虑到风险就不去创业，那就永远无法成为一名成功的创业者。

（三）艰难性

要想创业并取得成功，必须付出极大的努力。要创造新的有价值的事物，要完成整个创业过程，就需要充沛的精力、足够的体力和大量的时间。很多初期的创业活动都处于非常艰苦的环境中，若要一步步前进，唯有不断努力，不付出极大努力就想获得成功是不可能的。所以，大学生创业者需要有充分的思想准备。

（四）创新性

对社会来讲，创办一个企业不算什么新闻，但对于一个创业者来讲，则是一个创新的过程。这里的创新，是指创业者在整个创业过程中所遇到的几乎全部是新问题、新事物。新问题的解决需要创业者的创造性思维，需要创业者的智慧和能力。

（五）价值性

人们冒着风险去创业，其背后的驱动力就是价值。开创的新事业必须是有价值的,不仅对创业者本身要有价值,而且对社会也要有价值。价值性可以说是创业活动的意义和落脚点。

第二节 创业的一般流程

一、大学生创业过程中应注意的问题

(一)创业过程中需要注意的问题

对于某一领域行业知识的缺乏,是大学生在进行创业之前所面临的首要的问题。因此,大学生创业应该注意以下几点。

1)适度的创新是创业应有的原则。

2)充分地利用技术交易市场。

3)产品的专利注册。举例来说,电脑是戴尔公司的主要产品,但是在其他不涉及的领域,注册同样商标的情况也可能存在,将其商标的使用权购入是可行的。

4)到专利局咨询,挖掘利用到期的专利或者失败专利。

5)应尽量避免与曾经工作过的单位竞争,不符合劳动法规定的情况甚至是损害原单位的行为应避免出现。

(二)创业过程中需要注意的细节

1. 利用好现有资源

对于创业来说,工作中积累的经验和资源是最大的财富,要注意对这些资源的把握。不少在职人员都选择与工作密切相关的领域创业,优先考虑能帮你生存的项目,不要只在带来更大方便或者能改善形象的项目上乱花费用。

切忌误用资源,个人的生意不能与单位的生意相混淆,吃里爬外、唯利是图更是不可以的,这将会受到来自法律上的风险,其结果也很可能会受到法律的惩处。如果乱搞一气,你的生意就会逆转而下。只有在你的地盘上,时间、金钱才能任由你使用。

2. 细致的准备必不可少

选择创业项目时应该根据自己的实际情况来定，通过各种渠道增强创业方面的基础知识；设计一份商业策划书，这其中要包括分析赢利模式，给出应对创业危机的方法，摸清市场情况并评估市场机会。作为一项庞大的工程，创业涉及诸多方面的问题，如选址、融资与营销等。因此进行细致的准备是在职人员创业前必不可少的工作。

对于那些未经试验的创意不要随便无视，留心用这种创意做生意时可能出现的问题。问自己：是否有足够的人手、技能、财经资源和业务关系，是否需要你花大力气宣传你的产品或服务。

3. 寻找合伙人

苦于分身乏术，一些有业务渠道或有投资资金的上班族会选择跟人合作经营。这个合伙人如果有你需要的技巧，或者你需要合伙人的钱来开办或维持企业，或者你需要他为你鸣鼓吹号，或者这个合伙人帮助你设计了这个企业的构思，那么就请他加入你的公司。

在请助理处理或自己亲自处理的问题上，要找到一个平衡点。自己选择的合作伙伴，首先要做到的就是互相信任，另外还要志同道合。那些没有心理准备面对新办企业压力的人不要聘用，也不要聘用那些适合工作，却与你合不来的人员。

此外，一定要分清楚与合作伙伴之间的责任、权力和利益，合作双方和见证人达成书面合同是最好的，以免遇到纠纷时没有凭据。

4. 经商之道，以计为首

表面上看，商业经营活动好像是一种同物质打交道的活动，但是当今时代下的专业经营活动，实质上已经变成了一种人与人之间的智力角逐，是创业者之间的谋略的大比拼。

以计为首是应具有的经商之道，这与古代军事家所崇尚的用兵之道异曲同工。要想找到立足点与切入点，在惨烈的市场竞争中生存下来并站稳脚跟、发展壮大与谋取利益，就必须首先考虑如何运用自己的商业智慧制定可执行的、可操作的、全面系统的实施方案和经营策略，以确保百战不殆。

5. 用足相关政策

政府部门有很多鼓励和支持大学生创业的政策，这些政策可大大减少创业初期的风险,创业成本也能有所降低。

6. 不要被胜利冲昏头脑

因为这一切随时都可能离你而去。首战告捷靠的往往是你选择的合适的时机、不错的运气和良好的业务关系。不要太过自信,投入过量的资金,这往往会使自己陷入泥沼之中。

7. 决策失误时,不要对失误过于敏感

作为企业家,冒风险时,要谨而慎之。发错货可能会致使一个客户立刻与你断绝关系,你的失误会带来直接的后果。接受事实,从中吸取教训。

(三) 创业的团队

1. 创业者与人才引进

刚起步的创业者,一般会选择联合几位朋友合作形成团队,谋求共同地发展,又或是孤身一人独自走创业之路。因为势单力薄,单枪匹马、独自一人的创业很容易中枪落马,在个人创业的失败案例中占比高达85%,而内部矛盾摩擦及利益分配的不均又会招致集体合作的创业团队解体。要避免此类人员合作问题的发生,需要做到以下三点。

1)确立新世纪人才的新理念。要把人放在第一位:"以人为本,重视人才,尊重人才。"要确立人才第一资源的理念、人才配置市场化的理念、人才有"价"的理念、人才"社会化"的理念、人才机制竞争的理念、人才资源开发应加大投入的理念等等。

2)从创业人才的能力结构方面来看,创业人才不但要具有分析理解国家经济发展走势的能力,还要有经营管理企业的能力,学习、研究、创新的能力,联系社会、沟通用户的交往能力。

3)从创业人才的知识结构方面来看,创业人才不但要具有企业经营管理以及法律等方面的知识,还要有拳头项目、主打产品的专业知识。为应对创业重点的转移,知识的更新和及时的调整必不可少,否则将会成为创业活动的瓶颈。

2. 团队的作用

对于创业投资家来说,有这样一句箴言:"宁要一流的人才和二流的项目,也不要一流的项目和二流的人才"。只有人心齐,才能泰山移,创业活动如同拔河比赛一样，若想独占鳌头，就必须步调一致、不偏不移。由出色的人才所组成团队，是创业过程中不可或缺的因素。

3. 员工与老板

群做群分的意识在个人创业的初始阶段是一定要具备的。创业者在创业初期寻找志同道合的人合作发展事业，同时在利益分配的问题上还要做到无争议，这就是所谓的群做群分。

对一家公司的老板来说，最重要的责任就是任人唯贤与知人善任，不要对员工斤斤计较。在聘用员工方面，老板不妨对员工大方一点，有了高工资自然有高士气和好的信心。因为老板的作用在于增强员工的信心，鼓舞士气。管理者最主要的工作内容是让每一位员工全身心地投入到工作中来。管理与领导的秘诀就是让每个员工都感觉到自己的价值得到了充分的发挥。同时，对内部员工讲诚信是另一个需要注意的问题，很多员工的积极性容易受到挫伤，就是由于对内部员工的承诺不兑现所导致的。

大河里的水来自于小河，这是毫无疑问的自然规律。小河干涸了，大河里怎么可能会有水。因此有人说"小河有水大河满，小河无水大河干"，这是相辅相成的关系。员工在一个企业中就好比小河，而整个团队与企业就好比大河，若想让企业的大河永不干枯，就必须让每一个员工都能成为一条涌流不息的小河。

二、经典创业案例

（一）年收入170万的"小管家"

小张毕业于北京某大学。到了择业期的他，发现自己的大专文凭几乎没有用处。在与其他朋友商量之后，他们决定要创业。

在被一家美国品牌保洁公司刊登在报纸上的招加盟商的广告吸引了注意之后，他们几个就跑到那家公司去看。对方讲解完后，他们坚信保洁市场利润空间巨大。于是在几万元的加盟金凑足之后，他们把钱交给了那家公司，对方也随即对他们进行了几天的保洁培训。

然而等他们跑去谈生意时，本来以为商机无处不在的他们，却到处吃闭门羹。

当晚，小张躺在床上，翻来覆去睡不着觉。父亲的话给了小张莫大的安慰。小张突然明白，想要获取利润，就得有别人没有的东西。思维的枷锁被打破的小张，想到了将原来的保洁业务转向户内。

目前市面上的室内保洁业务普遍没有特色。一种比现有服务更高档次的服务，对于一些高档社区来说是必须的。而对厨房、卫生间、卧室等不同用途的房间进行分类而划定标准，而这也正是现阶段保洁业没被关注到的。兴奋地小张将自己的想法记了下来，并从第二天开始在接下来的几天时间里，不断地修改完善方案。

小张鼓起勇气，找到了SOHO物业公司的经理。终于，经理被眼前这位年轻人的诚意打动了。他对小张说："每天来这里要求给我们做保洁业务的人有很多，但是还从来没有一个人能够提出你这样的想法。这里的活，我交给你了。"他注册了新理念保洁服务有限公司，然后把几个朋友一起合伙参股的钱退掉了。

小张对SOHO的经理说，他们希望给还没有出租的房间进行免费的保洁打蜡服务。小张希望以此来顺便锻炼自己员工的技术。

经过不懈的努力，小张在技术上取得了突破性进展，也总结出了自己的一套针对不同房间的工作程序，一套有自己特点的操作规程与操作技巧终于被研究了出来。小张也因此在接下来的第一个月里就赚到了几万元，局面也渐渐地打开。

（二）网络CEO的成功之道

对于现在的大学生创业者来说，心态很重要。人们总是羡慕一夜成就百万富翁，抱有这样的心理，想问题很容易极端，做事情就比较的浮漂，不利于事业的成功，是创业者的最大敌人，是极不可取的。在自己的创业过程中，无论要做什么，都要先学会做人，再学会做事。在个人创业的过程中，你会遇到很多难以想象到的困难，这些困难都需要你不断努力地去克服，而克服这些困难的最大资本就是靠自己最基本的素质。

一个非计算机专业的大学生，却利用网络赚取了人生的第一桶金，这是一个属于网络时代的神话，并且只有在网络的社会里才会有这么神奇事情的发生！

他就是小罗，一个只有22岁的大学毕业生。对于计算机方面知识的精通，让人一直深信不疑地认为他学习的是计算机专业。学校里的他，不但是无线电社的CEO，甚至还成立了网络设计公司，为很多公司设计了网页,更重要的是通过这些实践经历让他赚到了人生的第一桶金!下面是小罗的创业故事。

1. 人应该发掘自己的兴趣

小罗是广东梅州人,考上大学的他,发现对他自己所填报的志愿根本就没有一点兴趣,之前自己对这个专业了解得不是很多,心情上自然就比较郁闷。

来广州学习生活的一段时间,他发现自己开始对计算机表现出浓厚的兴趣,渐渐地喜欢上了编写计算机程序。可是对于计算机编程根本就不怎么了解,以前读书时也几乎没有接触过这方面的知识。

学校开设的计算机课程,所学课程都是一些比较基础的计算机知识。然而在大学里,而他学习的又是机械设计,和计算机没有多少关系,这对于他的兴趣来讲,不得不说是个很大的打击。这些课程根本就满足不了他在计算机方面的求知欲,于是他就开始了计算机方面知识的自学。

当他有了取得成绩决心的那一刻,他觉得自己仿佛又回到了高中,有了奋斗的目标、努力的方向。同学们经常看到他为了学习更多书本上没有的知识,常常带着问题拿着书去虚心请教计算机专业的老师。

2. 初踏商海,赚取人生的第一桶金

对于小罗来说,目标不仅仅只是一个口号,而是实际的。必须要不断地提高自己的知识水平,进行不断的尝试、探索。在那段时间里,他在编程方面突飞猛进,计算机知识迅速提高。

当时学校社团的赞助商公司正想让学校计算机专业的学生帮助他们公司做个网页,在有了这个想法后,社团的主席就把他介绍给了这家公司。终于,一个比较理想的网页在他的一个多星期的奋斗下做出来了。公司老板对他做的网站非常得满意。并且这个老板还给小罗介绍了一些生意上的朋友,让他做公司的网站。也就是在这时候,小罗踏出了自主创业的第一步。

现在,作为一个大学生创业者来说,已经做得非常成功了,月收入达到了几万元,这是非常了不起的。

（三）从梦想到现实

毕业后的小李做过很多行业，为人卖过服装，做过电话销售，做过推销员，从事这些工作根本学不到什么东西，她时常想：我的路在何方呢？这样的生活要过多久？

历经几番换工作，一个偶然的机会，小李又在网上看到一家催乳公司正在招聘文员。于是来到这里做文员。

每天小李这里会接到好多的咨询与需要做服务的电话。她通过几天的工作发现产后乳少的情况非常常见，并且许许多多的产妇产后奶也都不够孩子吃。一些打电话来寻求帮助的新妈妈由于产后乳不够孩子吃急的都快哭了。

小李了解到公司采用新技术，不用其他人再揉，这是一个真正解决产妇产后根本问题、真正理解产妇心声的一个新兴行业。

跟乡下的家人打电话商量，遭到了强烈反对。越是这样，小李越觉得应该改变这样落后的思想传统。她内心无数次的在坚定意念，我一定要做催乳师，一定要做。

小李白天上班，晚上出去做兼职，又四处向朋友、同学、还有以前的老师借钱，总算是将学费凑齐了。15 天的学习里，她十分的珍惜这每一个学习的细节。在老师的耐心指点和纠正下，小李渐渐进入状态。

小李以前在接咨询电话的时候发现，目前公司只在部分城市有分公司，而有好多其他省市的客户打来电话要求来做这个服务，所以她决定去这个行业还空白的城市去做。

一天，小李在为一位刚生产的产妇服务的时候，结识了产妇家请的月嫂。月嫂对小李的技术赞不绝口，她说她们公司之前也有类似服务，可是产妇疼痛很大不说，效果还特别差。了解到小李的困难，月嫂就建议小李去找她所在的家政公司的领导。事宜谈妥后，小李便在这里安顿了下来。

此后小李在这家公司努力地工作，得到了令人羡慕的收入。小李就是靠着自己执着的追求和坚强的毅力在这个生活里面打拼着，她坚信苦难是一所大学，历经磨难，你终会看到希望的曙光。

第三节 创业准备

一、创业基本思路

（一）了解自主创业的行业现状

大学毕业生应树立起"先就业，再择业，后创业"的正确职业观。自己各方面的能力在经历了一段时间的就业和择业之后能够有所提高，当客观上时机也到来时便可以考虑走创业之路。

有了创业的志向，但主客观条件不具备时，应该先就业。为了解决基本生活问题必须先稳定下来，即使从事的工作与你创业的志向不一致。当对自己的现有工作不满意，想要在基本生活保障之上进行再择业时，欲创业的行业应该是理想的选择方向，如此一来便可以对该行业进行深入地观察和了解。仔细观察不难发现，"熟悉"二字便是各行各业赚钱的关键。创业成功的基础就是对特定行业的熟悉。

立即实现创业的志向是不现实的，充分的思想准备，是除了创业必备的条件之外另一项必须要做的准备。

1）既然要创业，就必须要有坚定信念。信念往往是一个人不可思议力量的源泉。

2）要树立终身创业的意识。创业就是创造，创造的是成功的机遇及就业的岗位，同时创造的也是富于挑战的人生。通过开发自己的潜能，不断发掘有价值的商机就是创业的途径。必须立志不断创造才能提高创业成功的概率。

3）勇敢地走向竞争激烈的市场。物竞天择，只有适者才能生存。只有重新认识自我，一步一步地进行心理激励，才能达到创业的目的。

能够选择自己感兴趣的行业去创业是再好不过的。一年入行，二年入门，三年有小成，是一条对有志创业者有用的规律。这是一条人人都可以作为参考的规律：对欲创业的行业熟悉其现状，选择合适的时机并预测可能的结果，然后付诸实践。沃伦·巴菲特为什么不建汽车厂而选择做股票投资？那是因为他熟悉金融市场发展变化的规律。比尔·盖茨为什么选择了电脑而不改行？因为他喜欢电脑。

担心自己的能力不如别人是多余的，对于多数人来说先天的资质差别并不大，许多工作与行业需要的并不是天才，而是一个不断熟悉的过程。想要总结出创业的规律，找到通往成功的道路，其方法只能是熟悉。由此可见，创业成功者的秘诀就是勤奋和自信心再加上对行业的熟悉。

（二）修炼自我，选择时机

仅靠大学生在校期间的学习，对于那些想要创业的人而言是远远不够的，绝大多数人只能通过打工的方式在别人的企业中完成，很难有条件在自己的企业中完成，基本的修炼途径也正是如此。最好不过的能够就职于适合个人创业的小公司、小企业。在这里你可以研究自己的长处和不足，掌握创业所必需的知识，将整个企业的各个环节全面熟悉，然后再全面分析即将创业的行业并寻找适合自身特点的做法。

正在赔钱的创业公司可以为你今后创业活动的成功提供教训。这时的你刚好可以获得充分的研究创业成败的资料，这个资讯条件是行外人所无法得到的。这时你做的事情是在实地演习自己未来的计划，用的是一个老板的眼光来研究这些资料。

此时的创业人对于这个行业的机密已无法保守，这也正是你向老板学习的好时机，你有足够的与老板一块交流的机会。因此不要不想、不愿说出内心的真实想法，也不要怕与老板交流、谈心，但不可自傲自大，不要忘记你的身份，要注意分寸。

在公司里，受限于自己个人经历的老板只会选择相信自己。你必须要在理智的指引下尽快将想要的东西学到手。当有一天你自己作老板时也会面对类似的问题。

以下几个方面是对于创业大学生来说应该通过不断的修炼所掌握的创业本领。

1）明确生产的产品是什么、如何生产、原材料从何而来品又如何销售出去等问题，这些是创业大学生所应具备的基本常识。

2）对这个企业生产的产品的特点以及优势和劣势要有所了解。

3）了解该企业的运营方式与机构设置。不同的技术条件、不同行业不同产品，甚至不同的地域和人文环境都会对其组织机构与管理方式造成一定的影响,所以在对未来企业的管理做设想时,局限于某一企业的模式甚至是理论是不可取的,作为创业者的你应该对现有企业的管理现状有所了解,分析总结与归纳其长处与不足。对于企业的管理来说没有固定模式可循,管理无定式。

4)对市场前景做出充分的预测。通过在初创企业各个部门的工作,你可以对这个行业的市场需求进行观察并对产品的市场前景做出预测,而你的创业之路,则也会由于对该行业规律的了解与掌握而打下基础。

当时机成熟时,已经通过这一过程锻炼的你就可以进行自主创业了。

(三)以小搏大,积小利求大成

以小搏大是自主创业获取财富的最省钱、省力的办法。必修的白手创业课程也正是如此。

若能利用外部的人员机构与资金关系去做,并在事后进行利润的分成是力量不足时最好的做法。有的人信息灵通,有的人掌握着新产品的技术秘密,有的人有方方面面的关系,有的人有好的主意或是销售渠道。创业者在这些情况下,可以用信息、销售渠道、关系网、技术、智慧等资源作为与他人合作的股本,得利后的分成按照之前商定的比例进行。这样做可以减少资金不足的制约,同时也可以减轻所承担的风险,只是获利不如独自干来的大。

风险与收益成正比,是经济生活中的一条规律。一般来说,大风险背后会有大收益。新的产品或服务出现在市场上后,往往会有两种不同的结果。一种结果是由于各种原因企业提供的产品或服务无法得到消费者的认可,此时产生的结果一般是没有获得与投入资金成比例的收益甚至是出现亏损;另一种截然不同的情况是企业提供的产品和服务由于受到消费者的充分肯定导致供不应求,此时的商品或服务的价格高于其价值,此时的收益自然也会更大。这就是风险所在,也正是大多数人望而却步的原因。对于初创业者来说,应该尽量用不多的资金投入风险小、规模也较小的事业中去,尽量避免干风险大的事情。集腋成裘,逐步发展。等资金雄厚了,再干大事业,冒大险,赚大钱。而对于那些已经有多项稳定业务、基础比较扎实的公司,有时冒一些风险以求赢得较多的利润也是有必要的。对于多元化经营的企业来说,这项业务赔了而其他业务赚了,整个企业的经营仍可以继续进行下去。

（四）运用自身特长

特长就是最熟悉与擅长的某些技艺，人在某种行动上所表现出来的能力与才华是特长的最突出表现。创业者在进行创业活动之前首先要回答一个问题："自己的特长表现在哪些方面，在进行创业时我能否依据自己的特长来进行行业的选择。"充分了解自己的特长所在并确定你的爱好是否就是这些特长，这样就可以在自己做出选择时，自己将要从事的事业从容应对。大量的事实说明：最容易取得成功的事业正是那些能够发挥自己特长的事业。书上的或身边的有关创业的成功经验。迈出的创业成功的第一步，往往是在你选择了能够发挥自己特长的事业来进行创业的同时发生的。

一个人往往具有许多方面的特长。在你选择创业之初时往往会不知所措、无从下手，找到最擅长特长的选项往往也是较为困难的。

在诸多特长中选择了自己的特长作为创业起点后，灵感也会随之涌现，为自己赚钱的好点子也会被你不断地创造出来。

对不同的人来说由于其所处的环境各不相同，所选择的创业行业也就有所差异。对于创业者来说，选择创业行业并没有统一不变的固定模式。创业行业的选择，更重要的是一个实践问题，而不仅仅是一个理论问题。事实表明在风起云涌的创业大潮中，独占鳌头的人往往是那些有一技之长者。

（五）发挥知识的优势

促进科学技术进步的重要因素之一就是知识创业。创业将会随着知识的资本化和经济的知识化逐渐地成为知识工作者的选择，与此同时创业行为也将会遍布社会生活的每一个角落。人们对知识的理解，对价值、管理、市场、需求、财富等的基本认知都改变了。人类社会已然步入了知识经济时代，随之而来在当下社会新的创业形式不断涌现，企业的组织与管理形式也呈现出多样化的趋势，这其中就有个人或学生创办的公司、由大公司出资创办的子公司等。

大学毕业生在创业过程中，其作为知识工作者中的重要组成部分，应当发挥自身的知识优势。以下几点是知识工作者创业的主要优势：

1）创业的机会变得更多。在知识经济时代，只要有知识人人都可以找到创业的机会。而作为创业者获取市场信息的渠道由于信息产业的出现与壮大而变得更快捷、更容易。根据市场、企业及技术的需要进行研究与实践是每个人都可以做到的。

2）创业的源泉大大增加。在面对更多的选择时，知识与技术往往是关键所在，创业的行为也将变得更为常态化。对于技术掌握者与技术创造者而言，由于获取这些知识与技术渠道的增多已经不再是创业者的主要来源了。

3）工作与学习、企业与社会的界限变得更加模糊。学习是吸收知识而工作则是应用知识，这些以往人们头脑中的认知已经发生了改变，当今社会知识的快速更新要求人们在工作中不断学习。这些现象突出体现在中关村的企业或是美国硅谷的高新技术企业中。许多创业的新模式也由于企业与社会界限的模糊而被创造出来。例如公司支持员工在社会上创业、在公司内创建子公司等。

4）利用技术或构思进行创业将更加普遍。创业者在形成了初步的创业计划后，都可以去寻求管理型人才或技术掌握者，形成创业团体，无论他是管理者还是技术掌握者。

5）创业与成功的距离更近了。创业所需的资金可以从风险投资者那里得到，创业所需要的信息可以快捷、低廉地获得，创业环境因此得以大大改善。

（六）精心制定开局方案

创业的蓝图与行为纲领即是其开局方案，作为一种创业实施计划，其制定的基础是可行性研究的结果。由于对自己的每一步都已经做好了周全的计划，所以许多人往往会在你还在瞻前顾后时就已大胆前进，并最终取得了成功。索伯曾经说："当一个人相信自己的计划就像二加二等于四一样自然时，他就根本不需要勇气了。他只要遵照去做，就已一步踏在当然的成功之路上，而不是提心吊胆地在迷路上打转。"

创业实施计划（即商业计划，Business Plan）是对投资项目的必要性、可能性和经济效益所进行的认真分析，以此来保证创业投资行为的正确性。

创业者对一份创业计划可行性的研究，是其在项目的建立过程中由浅入深逐步完成的。第一步是对机会的研究，首先创业者对投资的初步设想所进行的概括性分析；第二步是初步的可行性研究，指在对关键性的部分在有了项目的大致概貌基础上进行的专题研究，详细的可行性研究是最后一步，它是在掌握足够信息资料的基础上，系统分析项目。其结果一般为设计出一个或多个比较可行的方案并最后由创业者选择与决定方案。

以下三个方向为项目可行性的研究内容。

1. 市场研究

对目标市场、潜在市场、产品及其价格与销售的分析研究是市场研究的主要方向。

2. 技术研究

技术上可行的最优方案可以通过技术研究确定。

3. 管理研究

需要针对创业项目开展的不同阶段研究不同的管理方法和手段，因为只有有效的管理才能使创业项目计划得以实现。

（七）注重质量管理和质量形象

一个初创企业所提供的产品或服务的质量一定要慎之又慎，它的服务必须要高人一等，它的产品必须经得住实用的考验，只有这样，才能把握住生存的机会。对于一个没有知名度，没有关系，没有顾客的初创企业来说，只有保证质量才能立足。

1. 质量管理要有全面性

产品的适用性即产品的质量，也即为满足使用要求的产品所应具备的特征，寿命、性能、安全性、可靠性等均为产品的质量表现。兰纳德?桑德霍尔姆是欧洲的质量管理专家，如下的八个步骤为在他的质量控制循环过程理论中对质量管理的划分：

1）市场研究中的质量管理。
2）制造工艺对质量的确定。
3）产品定义、产品开发中的质量定位。
4）生产现场的质量管理。
5）采购中的质量管理。
6）销售过程的质量管理。
7）检验中的质量管理。

8）售后服务中的质量管理。

只有保证在产品生产过程中每一道工序、每一个环节的质量,才能保证产品的质量。为了实现管理的目标,只有针对影响质量控制的因素进行改善,才能算是全面的质量管理。

2. 质量形象的树立

以下四个方面为主要影响企业质量形象的因素:

1）在产品质量形象方面,如产品的性能、产品的返修率等。

2）在人员素质形象方面,如管理人员对质量的态度、质量培训和教育程度、文化知识水平、文明礼貌水平等。

3）在服务质量形象方面,如企业的服务态度与服务方式、企业与消费者发生纠纷的频数等。

4）在环境质量形象方面,如企业的环境保护与环境卫生、公司绿化等。

质量形象是企业的无形财富和宝贵资源。企业要想在竞争激烈的市场中站稳脚跟并发展壮大,离不开良好的质量形象的建立。

二、创业准备的程序与要求

（一）创业准备

1. 创业层次的四个阶段

1）生存阶段。这一阶段主要以产品和技术来占领市场。

2）公司化阶段。这需要创业者的思维从想法提升到思考的高度,以规范管理来增加企业效益,原先的搞关系就转变成一个个公司销售所依赖的渠道的建设,团队也初步形成。

3）集团化阶段。硬实力即产业化的核心竞争力,是这一阶段创业活动的保障。整个集团和子公司形成了系统平台,依靠的是一个个团队通过系统平台来完成管理,销售变成了营销,区域性渠道转变成一个个地区性的网络,人治变成了公司治理,进而形成了系统。创业者的思维也从平面转变为三维。

4）集团总部阶段,也就是俗称的跨国公司。子集团形成的是行业核心竞争力（硬实力）,集团总部依靠的是一种可跨越行业边界的无边界核心竞争力（软实力），这样将使集团的各行各业取得各自在单兵作战的情况下所无法取得业绩水平和速度。

创业就是如何做生意、如何创办企业的问题。美国超级亿万富豪、石油大王保罗·盖蒂预测：21世纪最有前途的生意模式应该具有以下几个特点：

1）拥有属于自己的生意，从事这项生意的每个人都不是为他人打工，而是一个独立的生意人。

2）要想让你的顾客放心地购买，并且还能重复购买，就必须为你的产品和服务提供保障。

3）你的生意不是某种特殊产品或服务，虽然看起来有特色，但潜在市场很小，一定要提供具有广阔市场前景的产品或服务。

4）遵循多劳多得的原则，对那些作出贡献的人要予以奖励。

5）你所提供的产品和服务要具有自己的核心竞争力，而且一定要强于你的竞争对手。

追求未来价值的最大化是企业经营的最终目的。首先必须要有正确的方向和方法。下面列举几个低成本创业的途径。

1）劳动密集型服务行业：如搬家公司、家政服务等。这些行业资本方面的投入非常少，主要依靠出卖劳动力。

2）智能型行业：这些行业里，有特殊知识或技能的人可以低成本创业。

3）切入低成本的行业：尤其是一些不需要大资金投入的服务型行业。

4）整合资源：一些善于借势的人往往能充分挖掘、利用和整合资源与信息。如风险投资，就是一些人的资本资源和别人的智力资源的结合。整合资源的重点是利用别人的资源，成就自己的事业。

2. 制定详实的创业计划

创业计划，又名"商业计划"（Business Plan），是一无所有的创业者就某一具有市场前景的新产品或服务向风险投资家游说，以取得风险投资的商业性报告。

创业计划竞赛要求参赛者组成优势互补的竞赛小组，借用风险投资的实际运作模式，提出一个具有市场前景的技术产品或服务，并围绕这一产品或服务，完成一份完整、具体、深入的商业计划。创业计划竞赛的目的是获得风险投资。

（二）创业准备的要求

1. 创业条件分析

一个周密的计划是创业投资的基础。计划里要知道自己适合做什么，针对自己、针对市场进行周密的分析，估计一下资金如何运转，整理一下有哪些可以利用的社会关系，再具体了解一下市场的需求以及类似创业成功或者失败的案例。

资源不足，是很多人在初次创业的时候遇到的问题。创业成功率由于条件欠缺而降低，但要有完全充分的资源也是不可能的。一是具备独特性资源，这样你可以和同行有一定的差异化；另一方面是要有进入一个行业的基本条件，这样你才能在该行业中立足。

创业的条件主要包括以下几个方面：

经验：你对所要做的行业，是否有独立经营的能力，是否有足够的了解，能否在市场上获得优势；

行业性质：某些行业受到一些政策保护与限制，进入该行业需要特定的资格条件，也有一些行业是法律规定不可以从事的；

资金：在维持生活所需之外，是否还有足够的资金让你的生意启动和周转。

人力资源：是否能招募到合适的专业人才。

关系及业务渠道：有什么关系，靠什么模式赚钱，现在有哪些渠道和便利。

潜在客户：估计一下，立足的市场有多大，有多少人会成为我的客户。

2. 创业知识准备

1）专业知识准备。专业知识对于创业者确定创业目标具有着至关重要的作用。专业知识是创业之本。

2）财务管理知识。资金筹集，财务决策评价，固定资产，无形资产，流动资产和递延资产的管理，成本和费用，对外投资，利润分配，企业清算，营业收入，财务报告和财务评价等都是财务管理的内容。

3）经营管理知识准备。

4）金融知识。金融即资金的融通，它涉及如何获得发展所需资金等各方面的问题。

5）税收知识。税收是国家参与社会产品和国民收入分配和再分配的一种主要手段，是国家为实现其职能，依照法律规定的标准无偿地并强制地征收货币或实物的经济行政活动。

6）法律知识。工商注册登记。工商注册登记是国家对生产经营者所行使管理职能之一，也是生产经营者确定自身合法地位的法律程序。生产经营者为了保护其合法权益，必须在法律上明确其地位，使其在法律的保护下从事正常的生产经营活动。

3. 创业心理准备

创业前除了要有足够的资源准备外，心理准备最重要。要认真思考，反复评估，考虑成熟后再行动。

创业之前要善于捕捉新生事物，有一定的胆识。即使没有十足的把握，也要敢于去冒险尝试。要勇于尝试新生事物，紧紧把握新生的市场脉搏。

树立远大目标不要满足于小的成绩，要善于将人力、物力及心血投入到实现更远大的目标中去，以求创造奇迹。

用恒心和毅力作为精神支撑，发挥好自己的能力。

要有坚强的毅力，不惧怕失败。即使经过多次失败的打击，也要坚强地站起身来。

创业伊始，创业者需要有一种良好的心态既不能被创业道路上的艰难险阻吓得萎靡不振，又不能被创业过程中取得的种种荣誉冲昏头脑。拥有良好的心态，迈上成功创业的阶梯的关键。

第七章 就业权益保护

大学毕业生在求职择业的过程中会遇到许多问题,包括就业权益受到损害。因此,掌握基本的法律法规,善于运用法律武器维护自身合法权益,对于大学毕业生来讲是十分必要的。本章主要围绕就业权益概述、维权途径及建议,以及典型案例分析进行具体的阐述。

第一节 就业权益概述

一、毕业生择业就业权利

毋庸置疑,毕业生在择业与就业的过程中,应享有一系列的权利。经过长期的分析与研究,我们将其总结为以下九个方面。

(一) 获取信息服务与接受就业指导权

获取信息服务与接受就业指导权,是指学生有权从学校、社会获得公开、及时、全面的就业信息服务。学校、社会应成立专门机构,安排专门人员对毕业生进行就业指导。《就业促进法》第三十五条明确规定,县级以上人民政府建立建全公共就业服务体系,为劳动者免费提供以下六个方面的服务。

1)就业政策法规咨询。
2)对就业困难人员实施就业援助。
3)职业指导和职业介绍。
4)职业供求信息、市场工资指导价位信息和职业培训信息发布。
5)办理就业登记等事务。

6）其他公共就业服务。

《就业促进法》还对政府举办经营性的职业中介机构、招聘会等行为做出了禁令，规定政府在提供就业指导与就业信息服务方面的责任。除此之外，近年来，各高校都加强了对毕业生的就业指导，创新了就业信息服务和就业指导的方式。我们将其做出了总结，主要表现为以下两个方面。

1）通过设立大学生就业信息专门网站，建立健全毕业生供需信息网络，广泛征集毕业生的需求信息。

2）采取"走出去，请进来"的方式，聘请校外就业辅导专家对毕业生进行有针对性的辅导，这样一来，便可以在一定程度上增加毕业生的就业技巧。

（二）接受就业推荐权

接受就业推荐权，是指高校毕业生拥有被学校如实、公正、及时推荐到用人单位就业的权利。不难看出，学校的推荐对毕业生的就业影响很大，大量的事实表明，学校的推荐往往在很大程度上影响到用人单位对毕业生的取舍。

我们将接受就业推荐权做出了总结，主要表现为以下三个方面。

1. 公正推荐

学校在推荐毕业生的过程中，务必要做到公平、公正，不可出现差别对待的情况。

2. 如实推荐

学校一定要根据毕业生的实际情况进行推荐，做到实事求是，不可虚报毕业生的在校表现。

3. 择优推荐

学校应根据毕业生的在校表现，择优推荐给用人单位。对于用人单位来说，在录用毕业生时也应坚持择优标准。

（三）就业信息知情权

就业信息知情权，是指大学毕业生拥有及时全面地获取各种应该公开的就业信息的权利。就业信息包括相关的国家政策与规定，用人单位的总体情况和专业需求等工作岗位的具体信息，这是毕业生择业、就业的基础，具有十分重要的意义。

我们将大学生就业信息知情权的含义做出了总结，主要归纳为以下三个方面。

1）信息及时。毕业生获取的信息必须是及时、有效的。

2）信息公开。就业信息要公开透明，任何组织和个人都不得隐瞒用人信息或者公布虚假用人信息。

3）信息全面。毕业生有权获得准确、全面的就业信息，对单位的情况更加了解。

（四）公平、自由择业权

1. 公平择业权

公平择业权，是指公民在择业过程中不得因其民族、种族、性别、政见、身体原因等而受到歧视，被排斥公平均等机会，违反待遇平等原则给予区别对待等。我们或多或少地了解到，我国的很多企业都对部分毕业生存在歧视，这是一个十分消极的现象。因此，《中华人民共和国劳动法》将该权利列入其中。

2. 自由择业权

自由择业权，是指毕业生有权按照自己的意愿选择职业。毕业生自由选择工作岗位，成为人才市场的主体；根据自身素质、意愿和市场价格信号，选择用人单位。我们都清楚，有的用人单位招聘毕业生时通过扣押毕业证、学位证或身份证等手段侵害学生的自由择业权，很显然，这种做法不仅违反了《中华人民共和国居民身份证条例》的有关规定，也违反了《劳动法》。对于非法限制劳动者人身自由情节严重的，甚至还违反《刑法》，构成犯罪。除此之外，用人单位也不能用高额的违约金来剥夺劳动者的自由择业权。《劳动合同法》规定，用人单位不得与劳动者约定由劳动者承担违约金，以下两种情况除外。

1）用人单位为劳动者提供专业技术培训的，应按照约定向用人单位支付违约金。

2）用人单位与劳动者可以在劳动合同中约定保守用人单位的商业秘密和与知识产权相关的保密事项。

（五）过渡期保障权

过渡期保障权，是指毕业生在到用人单位工作前后，在实习期、试用期、见习期间所应当具有的保障个人安全与和谐发展的权利。部分用人单位对毕业生到用人单位工作前后的过渡期保障权约定得比较笼统，定义比较含糊，甚至有的还故意模糊实习期、试用期、见习期的概念。实习期，是指在校学生参加实际工作的过程或时间。试用期，是指用人单位和劳动者约定的不超过 6 个月的考察期。见习期，是指全日制普通高校毕业生到用人单位工作后，实行的一年期见习制度。见习期满后需由上级人事主管部门为毕业生办理转正等手续。有些用人单位肆意削减学生权益，或是见习期内设定超过半年的试用期，或随意延长毕业生试用期，或随意取消毕业生试用期，或同一单位在不同岗位之间轮换时重复设定试用期，利用毕业生在这些职业过渡期的弱势地位，侵犯他们的权利。因此，毕业生要了解相关法律，保护自己的权益。

（六）违约求偿权

违约求偿权，是指双方签订协议后，如用人单位无故要求解约，毕业生有权要求对方严格履行就业协议。若用人单位没有履行就业协议，那么就要承担违约责任，支付违约金。

（七）隐私保护权

毕业生会向用人单位提供自己的信息，但这些信息不可超出招聘的范围。任何用人单位都不可私自发布毕业生的个人信息，也无权过问毕业生的隐私。

（八）就业签约权

毕业生与用人单位达成就业意向后，需要通过签订就业协议或劳动合同，确定劳动关系，以书面形式落实下来，并对双方的责任、权益进行书面说明。如果用人单位不与毕业生签订劳动合同，那么就是侵犯了毕业生的权益，毕业生要拿起法律武器与其斗争到底。

（九）户口档案保存权

所谓户口档案保存权，指的是从大学生毕业的那天开始，两年内没能及时找到工作或没有到正规单位就业的人，在择业期内将其档案、户口放在原校保留两年的权利。根据国家政策规定，大学生自毕业之日起的两年内，为大学生择业期。两年期满后，学校不再对毕业生的户口档案有保管义务。

二、毕业生劳动保障权利

毕业生择业成功并与用人单位建立了劳动关系，成为一名劳动者后，应享有一系列的劳动保障权利。我们将其做出了总结，主要归纳为以下十个方面。

（一）劳动合同倾斜保护权

劳动合同倾斜保护权，是指在劳动关系建立的过程中，毕业生享有《劳动合同法》倾斜保护劳动者的权利。在《劳动合同法》的法律条文中，有很多规定都能够体现出对劳动者的倾斜保护原则。

（二）劳动权

所谓劳动权，指的是具有劳动能力的公民支配自身劳动力，并要求国家或社会为其提供劳动机会的权利。我国将劳动权写进《中华人民共和国宪法》，可见它是十分重要的。劳动权具体表现为就业权，保障了就业权就保障了劳动权。2008年1月1日，我国开始实施《就业促进法》。很显然，该法就是国家为促进就业，努力实现充分就业，而制定的专门法律。

（三）劳动报酬权

劳动报酬权，是指劳动者有按照劳动的数量和质量取得报酬的权利。劳动者只有通过劳动取得必要的生活资料，才能满足其个人和家庭的需要，实现劳动力的再生产。因此，取得劳动报酬是劳动者的又一项重要的基本权利。

我们都清楚，劳动报酬的重要表现形式是工资。工资包括很多种类，如计时工资、计件工资、奖金、津贴和补贴、延长工作时间的工资报酬以及特殊情况下支付的工资等。国家还为劳动者依法获得工资报酬而实行各种保障措施。

（四）休息权

提到休息权，想必我们并不陌生。该权利指的是劳动者在法律规定的工作时间后进行休息和休养的权利。这是公民的基本权利，而且该权利是实现劳动权的必要保证。我国现行的标准工作日为每日工作8小时，每周工作40小时；用人单位每周至少休息一日；对于从事矿山井下、高山、有毒有害、非常繁重体力劳动的劳动者，可以缩短工作日。对于用人单位延长工作时间的规定，劳动法做出了严格限制。我国《劳动法》规定，用人单位经与工会和劳动者协商后可以延长工作时间，一般每日不得超过 1 小时；如果因特殊原因需要延长工作时间的，在保障劳动者身体健康的条件下，延长工作时间不得超过 3 小时。对于劳动者延长工作时间的工资支付将以另外的标准给予劳动者。

（五）劳动安全卫生权

劳动安全卫生权，是指劳动者享有在劳动过程中要求改善劳动条件，以使自己的生命安全得到保护的权利。为了让劳动者能够更加积极的工作，用人单位必须做到加强劳动者劳动保护，为他们提供更好的劳动安全卫生条件，使他们的健康安全得到更强有力的保障。

（六）社会保障权

社会保障权，是指劳动者享有国家和用人单位提供的各类保障、福利设施和各种福利待遇，在年老、患病、工伤、失业、生育和丧失劳动能力的情况下获得物质帮助的权利。社会保障制度的建立为我国公民带来了一系列的好处，有利于保障公民的生存权，使社会更加健康、和谐的发展。大学毕业生可以享受的社会保障包括社会保险、社会福利、社会优抚、住房福利、社会救济、公共医疗卫生保健等。

（七）民主管理与组织参加工会权

1. 民主管理权

民主管理权，是指劳动者在用人单位范围内通过一些形式，审议单位的重大决策，监督单位管理者，维护自身合法权益的权利。参加企业民主管理能够体现出劳动者在单位中的主人翁地位，激发出他们的工作积极性，促进民主监督的形成，使企业朝着科学的管理方向发展。

2. 组织参加工会权

组织参加工会权，是指劳动者有自由组织与参加工会，保障自己经济权利、劳动社会权益的自由。2001 年，组织参加工会权被我国政府以法律的形式所承认。《工会法》、《劳动法》等法律法规中都规定了工会在维护劳动者权益方面的责任，这样一来，便能够维护劳动者的合法权益。

(八) 职业技能培训权

所谓职业技能培训权，是指劳动者享有参加劳动所必需的、提高劳动技能及就业能力的各种业务学习和进修的权利。毋庸置疑，该权利能够有效保证劳动者劳动权的实现。职业培训对与劳动者而言，是十分必要的，因为它能够使劳动者的就业能力得到提升，不仅如此，还能使劳动者的素质得到全面的提高。可以说，职业培训在很大程度上推动了科学、技术、生产乃至人类社会的发展。

(九) 劳动争议救济权

劳动争议救济权，是指劳动者与用人单位发生劳动争议时，可以向有关部门申诉反映情况，提请处理的权利。该权利能够有效保障劳动者维护自身合法的权益。保障劳动者的该权力能够使劳动关系双方的权益得到维护，大大降低矛盾产生的机率。

(十) 特殊群体的特殊保护权

我国颁布了一系列的法律法规对 特殊群体进行保护。比如《妇女权益保障法》、《劳动法》等法律法规针对女职工的身体、生理特点规定，女职工有权主张用人单位的特殊保护。

三、就业协议书与劳动合同

(一) 就业协议书

就业协议书是普通高等学校毕业生和用人单位在正式确立劳动人事关系前，经双向选择，在规定期限内就确立就业关系、明确双方权利和义务而达成的书面协议。

就业协议书对于大学生就业来讲，具有至关重要的意义。就业协议书是由各省、市、自治区教育主管部门印制的，在现行就业管理体制下，协议书是为毕业生开具《就业报到证》的重要依据，而《就业报到证》是毕业生进行户口迁移和档案转调的依据。

1. 就业协议书的内容

我们将就业协议书的内容做出了总结，主要归纳为以下四个方面。

1) 高校毕业生基本情况。这部分内容主要包括姓名、性别、身份证号、专业、联系方式等。

2）用人单位基本情况。主要包括单位名称、单位性质、联系人及联系方式等。

3）高校毕业生和用人单位约定的有关内容。主要包括工作岗位、违约责任、协议自动失效条款和协议终止条款等。

4）毕业生和用人单位签字盖章承诺履行协议，以及高校意见。

2. 就业协议书的使用范围

就业协议书的使用范围是国家计划内统招非定向毕业生，其中包括高职（高专）毕业生、本科毕业生、毕业研究生。在这里，需要特别强调的是，定向生、委培生按定向委培协议就业，不使用就业协议书。

3. 就业协议书的实质

我们或多或少地了解到，就业协议书是介于国家分配（派遣）和市场寻找（劳动合同）之间的特殊产物。从实质意义上说，就业协议书是毕业生、用人单位之间关于就业意愿的书面约定，本质上是一种就业合同或用人合同，但不能将其等同于劳动合同，该合同的主要目的是约定毕业生毕业后到用人单位报到并签订劳动合同。就业协议书一经签订即具有法律效力，任何一方不得擅自解除。就业协议虽然涉及学校、用人单位和毕业生三方，但真正的权利义务主体是用人单位和毕业生，高校参与见证，以确保毕业生和用人单位的双向选择，让就业选择更为市场化。

4. 就业协议书的订立

毕业生持学校下发的推荐表，参与双向选择活动。单位确定后，毕业生凭借推荐表回执或单位接收函换取"全国普通高等学校毕业生就业协议书"，协议一律以原件为准，不得复印。我们将签订毕业生三方协议书的基本程序做出了总结，主要归纳为以下五个步骤。

1）毕业生获得用人单位的书面接收函。

2）毕业生到所在学校领取一式四份的"全国普通高等毕业生就业协议书"。

3）毕业生与用人单位签署就业协议，用人单位应在协议书上注明可以接收毕业生档案的名称和地址。

4）毕业生到所在学校签署就业协议。

5）学校签完就业协议书后,三方各留一份就业协议。

5. 就业协议书的解除

我们将就业协议的解除做出了总结,主要归纳为以下两大类。

（1）单方解除

单方解除包括单方擅自解除与单方依法或依协议解除。单方擅自解除协议,解约方应承担违约责任;单方依法或依协议解除,是指一方解除就业协议有法律上或协议上的依据,解除方不用承担法律责任。

（2）三方解除

三方解除是指毕业生、用人单位、学校三方经协商一致,取消已经订立的协议。因此,三方均不承担法律责任,三方解除应在就业计划上报主管部门之前进行。

6. 就业协议书的违约与责任

就业协议书一经毕业生、用人单位、学校签署即具有法律效力,任何一方不得擅自解除,否则违约方需承担责任、赔付违约金。

毕业生违约的情况比较多,会产生很多负面的影响,表现为以下三个方面。

1）对于其他毕业生来说,由于名额有限,用人单位与某毕业生签订了就业协议,那么其他的学生便丧失了到此单位工作的机会。如果与用人单位签订就业协议的毕业生违约,就会造成就业信息的浪费,影响其他毕业生就业。

2）对于用人单位来说,为了录用一个毕业生,用人单位会做出一系列的工作,而且会安排其将要从事的工作。如果毕业生违约,那么用人单位以前做的工作就都白费了,从而陷入被动的局面。

3）对于学校来说,用人单位往往将毕业生违约行为归为学校的责任,从而影响学校和用人单位的长远合作。因此,这很有可能会对学校未来毕业生的就业情况产生很大的影响。

（二）劳动合同

对于初涉职场的大学生来说,从业之前还有一个关键环节马虎不得,就是与用人单位签订劳动合同,不容置疑的是,它是劳动者合法权益的一个重要保障。

1. 劳动合同的分类

劳动合同按照不同的标准可划分为不同的种类，我们将其做出了总结，主要归纳为以下两个方面。

1）以合同的目的为标准，可以划分为四类，分别为：聘用合同、录用合同、借调合同以及停薪留职合同。

2）以合同的有效期为标准，可以划分为三类，分别为：有固定期限的合同、无固定期限的合同以及以完成一定工作为期限的合同。

《劳动法》规定，劳动合同应当以书面形式订立，即应采用书面协议。劳动合同的书面形式有主件、附件之分，劳动合同的主件即为劳动合同书，附件一般指劳动合同的补充协议，如岗位协议书、专项劳动协议、用人单位依法制定的内部劳动规则等。

2. 签订劳动合同应注意的条款

毕业生在签订劳动合同时，一定要注意以下三个条款。

（1）必备条款

必备条款关乎毕业生直接的利益，可以避免单位的欺骗与双方因沟通不畅而引起的误会。

（2）约定条款

用人单位与劳动者可以在劳动合同中约定其他事项，比如试用期、福利待遇等。

（3）试用期条款

试用期是指用人单位和劳动者为相互了解对方而约定的期限。劳动合同期限三个月以上不满一年的，试用期不得超过一个月；劳动合同期限一年以上不满三年的，试用期不得超过三个月；三年以上固定期限和无固定期限的劳动合同，试用期不得超过六个月。

3. 劳动合同的履行、变更、解除与终止

（1）劳动合同的履行

我们都清楚，劳动合同的履行，是指劳动合同的双方当事人按照合同规定，履行各自义务的行为。毋庸置疑，当事人必须履行合同约定的义务，任何个人或第三方不得非法干涉劳动合同的履行。

(2) 劳动合同的变更

劳动合同的变更，是指双方对尚未履行或尚未完全履行的合同，依照法律规定的条件和程序，对劳动合同进行修改的法律行为。在一般情况下，劳动合同的变更是以协议变更的形式出现的，双方当事人就变更的内容及条件进行协商，统一意见后签订书面协议。

(3) 劳动合同的解除

劳动合同的解除，指的是劳动合同当事人在劳动合同期限届满之前依法提前终止劳动合同关系的法律行为。

(4) 劳动合同的终止

劳动合同的终止，指的是符合法律规定或当事人约定的情形的劳动合同的效力即行终止。我国《劳动法》对此做出了明确的规定："劳动合同期满或者当事人约定的劳动合同终止条件出现，劳动合同即行终止。"

(三) 就业协议书与劳动合同的联系与区别

1. 就业协议书与劳动合同之间的联系

经过长期的分析与研究，我们将就业协议书与劳动合同之间的联系做出了总结，主要归纳为以下两个方面。

(1) 从内容上看，就业协议书中的有关条款，特别是在就业协议书的备注条款中毕业生与用人单位就工资待遇、住房等达成的约定，应作为劳动合同的组成部分。如果劳动合同与三方协议内容矛盾，那么应以劳动合同为准。

(2) 从时间上看，就业协议书与劳动合同是毕业生与单位在确定劳动关系过程中连续发生的两个相互衔接的阶段，就业协议书签订是第一阶段，劳动合同订立是第二阶段。由此，我们不难看出，就业协议是劳动合同的基础。

2. 就业协议书与劳动合同的区别

(1) 内容不同

《劳动法》做出了明确规定，劳动合同应具备合同期限、工作内容、劳动保护和劳动条件、劳动报酬、劳动纪律、劳动合同终止的条件、违反劳动合同的责任等七项条款，且当事人还可以约定其他条款。而就业协议书主要明确的是毕业生同意去某用人单位就业和某用人单位同意接收该毕业生的意见，还有一些简单的条款。也就是说，劳动合同规定的劳动者和用人单位之间的权利义务更加全面、具体，就业协议书与其相比较而言就简单得多。

（2）适用主体不同

就业协议书是明确毕业生就业工作中权利和义务的书面表现形式。劳动合同是劳动者和用人单位之间确立劳动关系的协议，双方协商一致，符合国家法律法规，签字盖章合同即生效，学校不是劳动合同的主体，也不是劳动合同的见证方。劳动合同适用于各类人员，而就业协议书只适用于高校毕业生和毕业研究生。

（3）时间效力不同

就业协议书往往在劳动合同之前签订。就业协议书是在毕业生毕业之前签订的，它的效力是从签订的那天开始的，一旦毕业生到用人单位报到，应当签订劳动合同，就业协议书的法律效应丧失。

（4）适用的法律、法规不同

我们都知道，劳动合同受《劳动法》、《劳动合同法》及相关法律法规的限定和保护，就业协议书依据的是国家关于高校毕业生就业的法规和规定。毕业生就业协议书在法律定性上比较复杂，在实践中，如果双方存在争议，一般是比照《中华人民共和国合同法》中关于违反诚信原则进行处理的。

第二节　维权途径及建议

一、大学生就业权益的维护

有些大学生在求职的过程中会遇到企业的不法行为，一定要懂得识别和规避求职的陷阱，增强自我保护的意识，除此之外，还要深入地了解有关法律法规，只有这样，才能维护自身的就业权益。

（一）识别和规避求职陷阱

如今，大学生就业变得越来越艰难，竞争日趋激烈。对于大部分毕业生来讲，不管工作好坏，能找到一份工作就是一件可喜可贺的事情。这种思想导致许多毕业生在就业过程中丧失了应有的警惕性，忽视了对自身权益的保护，这样一来，便陷入各种求职陷阱中。轻者损失钱财或劳而无酬，重者被不法分子利用乃至人身受到侵害。由此，我们能够看出，大学生加强自身就业权益保护已经刻不容缓，而首要的就是识别和规避各种求职陷阱。我们将大学生在求职过程中常见的陷阱做出了总结，主要归纳为以下四个方面。

1. 巧立名目，收取费用

有一些用人单位在招聘时常常向大学生收取各种费用，这些名目繁多的收费项目，让初涉职场的毕业生无法辨别其合理性，更不知其合法性。这些所谓的"费用"主要包括以下三大类。

（1）风险押金

我们或多或少地了解到，有些大学毕业生对自身缺乏合理定位，常抱着"骑驴找马"的心态，一看到好的单位就不惜毁约跳槽，这样的做法让用人单位无法制定长远的用人计划。因此，一部分单位就通过收取一定的风险押金来制约新员工跳槽。很多毕业生抱有这样的一个想法，即认为收取押金还是有合理性的。其实，该行为是违法的，值得引起每一位大学毕业生的重视。

（2）报名费

实际上，报名费包括很多种，比如信息费、登记费、资料费等。有些用人单位将报名费作为他们获得额外收入的渠道之一。从表面上来看，报名费的数额并不高，如果应聘者的人数很多，那么这些用人单位的收益将会非常之高。

（3）培训费

有些用人单位会采取"放长线、钓大鱼"的方式来收取培训费。这些单位会使毕业生感觉应聘非常顺利，而且获得的职位也非常具有发展前景。在签订劳动合同后，单位可能会让毕业生工作一段时间，但很快就会借各种理由要求毕业生参加公司的培训。他们可能会说，通过一段时间考察，发现你还不能完全胜任目前的工作，因此公司决定对你进行培训，但有关费用应当由你自己承担，如果你不承担培训费用的话，公司有权解除劳动协议。这样的言辞会令初入社会的大学生们心生胆怯，以为缴纳一定培训费后就能保住现有的工作,于是迫不得已对其言听计从。

《劳动法》和《劳动力市场管理规定》有以下相关规定。

1)用人单位在招聘时不得向求职者收取任何招聘费用。

2)不得向被录用者收取保证金或抵押金。

3)不得扣押被录用者的相关证件。

4)不得以招聘人员为名义牟取不正当利益或进行其他违法活动。

2. 偷梁换柱,克扣工资

所谓薪酬陷阱,指的是用人单位在招聘时以优厚的待遇吸引前来求职的毕业生,等到毕业生正式上班时,曾经做出的承诺不予兑现;或是针对薪水中的一些不确定收入,进行虚假或模糊的承诺,由于没有以明确的合同或协议形式固定下来,其变动的空间和额度难以预估,就无法受到法律的相关保护。

毕业生求职时应根据自身情况对薪酬标准有一个合理定位,对过高的薪酬标准应警惕是否存在陷阱,不清楚的地方一定要刨根问底,不要觉得不好意思。遇到薪酬陷阱时,应先与用人单位界定薪酬的上下限,尽量减少承诺薪酬中的不确定成分,并协商支付方式。比如,试用期待遇如何?试用期过后薪资多少?工资的支付方式和支付周期是怎样的?加班时间费用如何计算?将这些口头承诺写入劳动合同中,以劳动法的约束力来督促用人单位履行承诺。

3. 假借试用,榨取人力

我们都知道,一些在试用期结束后,以"不符合录用条件"为由与毕业生解除劳动合同,或是试用期满后公司又以各种理由要求延长试用期等。不容置疑的是,用人单位的这些做法都是假借试用期榨取大学生劳动力的表现,需要引起毕业生的高度重视。

用人单位以试用期为由,不与毕业生签订正式劳动合同的做法是违反我国劳动法和劳动合同法的。试用期是针对劳动合同而言的,它是包含在劳动合同中的,应当在具体的劳动合同中约定试用期,且试用期最长不得超过六个月。为了规避这方面的风险,建议毕业生们在确定工作前,最好向该公司的员工询问那里的工作情况。

4. 招聘为名,窃取成果

有些招聘单位借着招聘考试的名义,窃取应聘者的智力成果,这就是所谓的"智力陷阱"。有些公司自身缺乏新颖的创意,而聘请高水平的工作人员又需要付出较大成本,便通过大规模招聘来要求求职者做案例、程序设计、广告设计、策划方案、文章翻译等,以此获得好的创意或方案。他们往往在面试或笔试时,把该单位遇到的问题以考题的形式要求应聘者作答,而无论应聘者表现如何,招聘的最终结果都是无一人录用。很显然,这些单位是打着招聘的旗号窃取应聘者的创意。

用人单位的这种做法是一种侵犯知识产权的违法行为。因此,毕业生一定要在提交方案或设计的同时,交上一份声明或协议,要求用人单位对自己的劳动成果给予保护,声明未经作者同意不得用于商业目的和用途,不得擅自使用或者允许第三方使用,违反协议应承担损害赔偿责任等,并要求招聘单位签收。如果该单位拒绝毕业生此要求的话,那么其"招聘"意图也就不言而喻了。

(二)增强自我保护意识

经过长期的分析与研究,我们将大学毕业生需要增强的自我保护意识做出了总结,主要归纳为以下五个方面。

1. 法律意识

毕业生必须了解与就业相关的法律法规、政策制度,逐步提高法律意识,学会使用法律武器维护自身权益,否则一旦遇到不良的企业,那么就会吃大亏。

2. 契约意识

契约意识主要包括以下两个方面的内容。

1)通过就业协议来保护自己合法权益的意识。

2)必须严格遵守就业协议的意识。

我们都清楚,毕业生与用人单位签订的协议是确立双方当事人之间劳动关系的一种契约,即他们签订的是一种合同,具有法律效力。因此,毕业生要谨慎签约、积极履约。协议一旦订立,双方都必须遵守,任何一方不得擅自违约等,否则将受到法律制裁。

3. 维权意识

我国目前的大学生就业市场还存在许多缺陷,因此,损害大学生合法权益的现象时有发生。在这里,需要强调的是,毕业生务必要具有强烈的维权意识，在碰到问题时能够通过法律来保障权利。这是毕业生由观念转化成行动的重要一步。毕业生只有掌握法律政策，养成法律意识与维权意识，才能够保障自己的权益。

4. 证据意识

毕业生在求职就业过程中，应树立证据意识，一定要注意以下三个方面的内容。

1）收集证据的意识。在求职的过程中，毕业生要有意识地要求用人单位出示或提供相关资料，如要求用人单位出示营业执照、要求对方出示表明身份的证件等。

2）保存证据的意识。要注意保存现有的证据，以便将来在仲裁法庭或进行诉讼时维护权益，如招聘海报、往来传真、邮件等。

3）运用证据的意识。要有用证据证明事实的意识，知道什么样的事实需要什么样的证据，要明确举证责任是在对方还是己方。

5. 诚信意识

毋庸置疑，树立诚信意识对于毕业生来讲十分必要。我们将毕业生诚信意识的培养和权益的自我保护总结为以下两个方面。

1）毕业生在求职时一定要做到实事求是，如实透露自己的信息与情况，否则会导致严重的后果，承担责任。

2）要能够意识到用人单位是否诚信。显而易见，目前大学毕业生就业形势不容乐观，很多毕业生都认为能找到一份工作实属不易，因此，他们就对用人单位言听计从，如果用人单位对自己有所欺瞒，那么毕业生的利益就会受损。

二、维权途径

由于大学生自我维权意识淡薄、维权能力弱等原因，大学生合法权益受到侵犯的情况逐渐增多。掌握合法的维权手段是解决合法权益受损最有效的途径。

经过长期的分析与研究，我们将常用的维权途径做出了总结，主要归纳为以下六个方面。

（一）协商

对于用人单位一般的违规行为或争议不大的问题，劳动者可与用人单位达成新的协议，或过错方改正错误，消除争议。大学生遇到就业侵权问题要学会通过合法途径维护自己的合法权益，可以与用人单位进行沟通，当然毕业生可以请学校出面与用人单位进行协商，学校作为就业协议的见证管理方与用人单位协商，有助于双方矛盾的顺利解决。与用人单位平等协商必须建立在学生充分掌握劳动法律法规及相关就业规定的基础上，并且在协商过程中时刻保持理性的思考才能保障自己的权益。

（二）调解

劳动争议调解，是指基层群众调解组织对用人单位与劳动者发生的劳动争议，以国家的劳动法律、法规为准绳，以协商的方式，使双方当事人达成协议，消除纷争。劳动争议调解由基层群众性组织承担。发生劳动争议后，劳动者可请求本地区的劳动争议调解委员会调解。

（三）仲裁

仲裁是指各级劳动行政部门的劳动争议仲裁委员会对争议事项做出的裁决决定。其实，我们不难看出，仲裁裁决具有约束力，并具有强制执行的效力。

（四）诉讼

劳动争议当事人对仲裁裁决不服的，可在收到仲裁裁决书之日起15日内向人民法院起诉，未经过劳动争议仲裁委员会处理的案件，人民法院不予受理。

劳动争议发生后，如果劳动争议调解委员会调解不成，可以向劳动争议仲裁委员会申请仲裁；对仲裁裁决不服的可以向人民法院提起诉讼。劳动争议"仲裁前置"原则，即劳动仲裁为劳动审判的前置程序，劳动争议不能未经仲裁而直接进入法院的司法程序。此外，协商和调解不是处理劳动争议必需程序。

（五）向劳动监察部门举报

用人单位所在区、县的劳动行政部门每年都会对该辖区内的单位劳动用工情况、工资发放、社会保险缴纳情况进行检查，若发现问题，便对其进行处罚。因此，大学生如果发现用人单位存在违法现象，可以向劳动行政部门举报。

（六）借助新闻媒体

为了促进问题的有效解决，劳动者可以通过新闻媒体对用人单位的违法现象进行曝光，引起相关部门对这些现象的重视。

第三节　典型案例分析

下面，我们主要围绕两个典型的案例进行具体的分析，使广大读者能够更加深入地了解就业权益保护的相关内容。

一、薪酬是否包括加班费

（一）案情

2000年1月26日，阮某到北京某信息科技有限公司工作，与该公司签订了为期一年的劳动合同，担任财务经理一职，月工资6000元。同年10月，信息公司与北京某网络技术有限公司业务合并，两公司一起办公，但其企业法人资格仍然存在。2001年1月3日，信息公司通知阮某不再续签劳动合同，并经协商，同意阮某工作至2月9日。2月9日，网络公司负责人曾某书面以"加班确认说明"的形式确认阮某在信息公司工作期间曾加班46天，实际休假5天。阮某与信息公司劳动合同终止后，要求该公司支付其加班工资，遭其拒绝。10天后，阮某请求北京市劳动争议仲裁委员会判令信息公司支付46天加班工资24142.86元人民币。信息公司辩称，根据公司规定及劳动合同约定，阮某的工作及薪酬为责任制，其加班费已包括在薪酬之内，故无权要求额外的加班工资，其持有的加班确认说明的确认人不是被诉人所属员工，应属无效。

本案的仲裁结果为：信息公司支付阮某加班工资24235.18元（税前）。

（二）评析

本案涉及以下两个问题。

1）阮某是否有权要求加班工资。信息公司认为阮某工作采用的是计件工作制，阮某理应在工作时间内完成工作，是工作效率低下造成了加班，无权要求加班工资。经查实，阮某在该公司工作期间实行的是每周40小时工作制，因此，公司规定的加班费包括在薪酬内为违法行为，阮某有权要求其支付加班工资。

2）阮某的加班时间是否能够确认。信息公司辩称，阮某持有的"加班确认说明"的加班时间有造假嫌疑，其确认人不是本公司的员工。阮某对此进行了反驳，"加班确认说明"的确认人原是该公司的负责人，该公司与网络公司合并后任网络公司负责人，实际管理这两个公司，故其确认是有效的；该公司曾在2001年2月27日致阮某的离职通知中再次确认了申诉人的加班时间。该公司无法推翻阮某提供的证据，因此，仲裁庭采纳了阮某的意见，根据这两份证据确认了其加班时间，核算出了应支付其的加班工资，从而做出了上述的仲裁结果。

二、不能以实物代替工资

（一）案情

某油厂产品滞销，资金无法周转，失去了向职工发工资的能力。这时，厂长想出了一个方法，这个方法可谓是"两全其美"，既能够解决产品积压问题，又能够解决职工工资发放的问题。他让工人根据各人工资领出与工资相符的瓶装油，鼓励职工自己销售以换成货币。因此，每月工资为300元的胡某领了12瓶油回家了。

胡某的妻子对厂长的做法意见很大，因为这些油根本卖不出，不会为他们带来任何收益，她一直在胡某的耳边唠叨，让他找厂长要个说法。面对着12瓶油和妻子的唠叨，胡某找厂长索要货币工资，厂长没有同意，又给了他两瓶油以示安抚。后来，在胡某的呼吁下，一些职工向劳动仲裁委员会提出了申诉，要求工厂支付他们货币工资。

本案的仲裁结果为：该炼油厂将发给职工的瓶装油收回，按标准补发职工货币工资，也可在与工会协商一致的基础上延期支付。

（二）评析

《劳动法》规定，工资应当以货币形式按月支付给劳动者本人，不得以实物及有价证券替代货币支付。本案中，炼油厂的厂长用瓶装油替发工资，明显违反了法律，其所说的资金困难等理由不予成立。

如果炼油厂确实因为种种原因造成资金周转困难,应当妥善解决工资支付问题,即用人单位资金周转困难,在征得本单位工会同意后,可延期支付劳动者工资,延期的时间按照当地劳动行政部门的规定执行。

参考文献

陈龙春,杨敏.2007.大学生创业基础[M].杭州:浙江大学出版社.
程文义.2008.就业与创业[M].北京:中国电力出版社.
邓建成.2008.大学生创新与创业[M].湘潭:湘潭大学出版社.
侯同运,谷道宗等.2014.大学生职业发展与就业创业指导[M].济南:山东人民出版社.
胡礼祥.2010.大学生创业导论[M].杭州:浙江人民出版社.
黄华.2013.大学生创业计划指导[M].北京:清华大学出版社.
黄蓉生.2013.大学就业指导[M].北京:人民出版社.
简鸿飞,刘康胜.2011.大学生职业发展与就业指导:大学生创业指导[M].北京:北京理工大学出版社.
蒋建荣,詹启生.2005.大学生生涯规划导论[M].天津:南开大学出版社.
李时椿,杨怡等.2004.大学生创业与高等院校创业教育[M].北京:国防工业出版社.
鲁宇红.2008.大学生职业生涯规划与就业指导[M].南京:东南大学出版社.
罗群,王彦长.2015.大学生创业基础[M].合肥:安徽大学出版社.
马营.2006.就业指导与创业教育[M].上海:立信会计出版社.
明照凤.2012.大学生就业指导[M].山东:山东人民出版社.
潘维琴,马晓峰.2009.职业规划与就业创业指导[M].北京:机械工业出版社.
宋景华,刘立功.2010.大学生职业发展与就业创业指导[M].北京:高等教育出版社.
汤建彬.2011.大学生职业发展指导[M].北京:北京大学出版社.

唐伯武.2008.创业就业指导［M］.北京：中国经济出版社.

王丽娟.2006.中国大学生就业权益的法律保护［M］.南京：南京大学出版社.

王仁伟.2015.大学生就业与创业指导［M］.北京：机械工业出版社.

肖建中.2006.职业规划与就业指导［M］.北京：北京大学出版社.

杨克欣.2013.大学生职业发展与就业创业指导［M］.天津：南开大学出版社.

叶文振.2015.大学生创业导论［M］.厦门：厦门大学出版社.

张方.2010.就业基本能力与就业指导［M］.北京：北京大学出版社.

张静.2009.大学生职业发展与就业能力提升［M］.天津：南开大学出版社.

张莹.2004.如何进行职业生涯规划与管理［M］.北京：北京大学出版社.

赵北平.2007.大学生职业生涯规划教程［M］.武汉：武汉理工大学出版社.

钟谷兰，杨开.2008.大学生职业生涯发展与规划［M］.上海：华东师范大学出版社.

朱坚，陈刚.2009.规划未来——大学生职业生涯设计与就业指导［M］.北京：现代教育出版社.

朱世忠.2009.大学生职业发展与就业指导［M］.济南：山东人民出版社.